# 领导三策

## 做人、用人、管好人

方军◎编著

中国华侨出版社
·北京·

**图书在版编目 (CIP) 数据**

领导三策：做人、用人、管好人 / 方军编著 .—北京：中国华侨出版社，
2004.1（2024.11 重印）

ISBN 978-7-80120-771-5

Ⅰ . 领… Ⅱ . 方… Ⅲ . 领导方法 Ⅳ .C933.2

中国版本图书馆 CIP 数据核字（2003）第 122252 号

## 领导三策：做人、用人、管好人

编　　著：方　军
责任编辑：刘晓燕
封面设计：周　飞
经　　销：新华书店
开　　本：710 mm × 1000 mm　1/16 开　　印张：12　　字数：130 千字
印　　刷：三河市富华印刷包装有限公司
版　　次：2004 年 1 月第 1 版
印　　次：2024 年 11 月第 2 次印刷
书　　号：ISBN 978-7-80120-771-5
定　　价：49.80 元

中国华侨出版社　北京市朝阳区西坝河东里 77 号楼底商 5 号　邮编：100028
发 行 部：（010）64443051　　　传　真：（010）64439708

如果发现印装质量问题，影响阅读，请与印刷厂联系调换。

# 前 言
Preface

"什么样的领导才叫好领导？"这句话，大家听到了许多遍。就管理学而言，有真才实干的领导，就是好领导。

领导的真才体现在何处？当然体现在做人、用人与管人等三个主要方面。但领导做人，可不是一个小问题。美国著名领导学家特鲁尔说："在现代管理过程中，领导已不是一个非常狭隘的概念了，他是一种全面素质的综合表现，其中他的做人之道尤为一面镜子，起到中心的作用。"这就是说：领导千万不要对做人之道疏而不行，一定要把其当作树立自己形象、品牌的一面镜子。这是第一个问题。

第二个问题：领导还必须善于用人！一个不善于用人的领导能够干什么？自然是常陷入"孤家寡人"的尴尬之中，找不到得力助手，难以成事。领导是将是帅，人才是士是兵。无后者就无前者，无前者可从后者中造就出来。两者一体，才可以讲谋大事之道。善于用人的领导，在身边总是人才济济，在每个关键点上都有独当一面的重兵。

第三个问题：领导必须管好人，只有管好人，才有章法可言，才有制度可依，才有效益可抓。人是最难管理的，但又是一项必须要做的事。否则就根本谈不上称职的领导。难怪有人说：智慧型的领导是最善于处理管人之道的。

有了上面三个问题，理所当然地要讨论一下领导具体的实施办法。这也是本书的重点！

本书认为成功领导应当掌握三策：

做人之策，是领导做事的第一定律：主要包括领导的能力控制，强化心理、联通水平，交际功夫、进退策略、防算战术等，其核心是领导一定要全面地透视自己，通过与"人"打交道各个环节来提高自己的做人能力，以便更好地展开工作。

用人之策，是领导谋事的黄金法则：主要包括用人到位、观人角度、恰当原则、调动本领、安排技巧、合成智慧、减失措施，其核心是能用尽自己身边的所有人才，给他们位置，锻炼他们，让他们最大限度地发挥潜力，另外还要减少用人的失误环节。

管好人之策，是领导成事的看家本领：主要包括掌权手法、协调本领、解难心计、应对手段、批评方略、表达艺术等，其核心是领导要用自己的智慧，把上上下下拧成一股绳，让每位员工都能在"工作流程"中释放智慧和能量！

本书集中反映上述三策的必要性和可行性：

善于做人的领导，以赢得人心为第一；

善于用人的领导以挖尽人才为第一；

善于管人的领导，以全听指挥为第一。

三者兼而有之者，就是最高明的领导！

# 目 录
Contents

## 第一部分　做人

### 领导做事的第一定律

领导做人不是一个可有可无的小问题，而是关系到其自身是否能有效地开展工作的大问题。美国哈佛大学著名领导学家茵科尔在《领导之智力》一书中说："做人的艺术，是每一个善于领导他人的人都必须要修炼的，因为其中包含着其全面的素质和能力。"有些领导并不重视做人之道，误以为自己总是高人一等，可以用命令代替一切，结果是可想而知的。真正能让人钦佩的领导，一定是把做人与做事合为一体，方方面面考虑周全，把"领导即做人"的第一定律发挥到淋漓尽致的程度。

# 第二部分　用人

## 领导谋事的黄金法则

领导用人的法则事关重大，难怪天下谋事之道都是以怎样利用人才为大要的。这说明用人问题是任何一名领导都不能忽视的。我们常佩服有些指挥艺术高超的领导，调动其下属的时候，能把他们放在恰当的

位置上，让他们闪光放热，为公司或单位增加才智。大家知道，用人与怎
样用人是两个问题。一名优秀的领导只有自己重视人才，才能发现人才，
才能任用人才。这是领导谋事的黄金法则。离开这一点，即使有再多的千
里马，也会没有一匹真正驰骋疆场的良马。

# 第三部分　管好人

## 领导成事的看家本领

领导管人手法多样，可从宏观控制，也可从微观入手，总之让自己的下属都能按照章法办事是最根本的。一般讲，管人之道绝不能简单化，不能仅凭领导意志制约下属，而是要把工作做到下属的心中去，让他们自觉自愿地奉献自己，这样才能起到大用。聪明的领导管人，能够既让下属感到威力，又能让下属感到可信，这样就让下属避免了"领导高高在上"的心理，而能放手做好本职工作。当然，领导管人还需要抓人心，必须具备指东打东、指西打西的看家本领。

# 第一部分

## 做　人

### 领导做事的第一定律

领导做人不是一个可有可无的小问题，而是关系到其自身是否能有效地开展工作的大问题。美国哈佛大学著名领导学家茵科尔在《领导之智力》一书中说："做人的艺术，是每一个善于领导他人的人都必须要修炼的，因为其中包含着其全面的素质和能力。"有些领导并不重视做人之道，误以为自己总是高人一等，可以用命令代替一切，结果是可想而知的。真正能让人钦佩的领导，一定是把做人与做事合为一体，方方面面考虑周全，把"领导即做人"的第一定律发挥到淋漓尽致的程度。

做人之策，是领导做事的第一定律：主要包括领导的能力控制，强化心理、联通水平，交际功夫、进退策略、防算战术等，其核心是领导一定要全面地透视自己，通过与"人"打交道各个环节来提高自己的做人能力，以便更好地展开工作。

**能力控制：没有本事，谁也不会服你**

### 敢于解决棘手问题

领导的能力常表现在什么地方呢？可以肯定地说，能否在关键时刻大显才智，则为一点。大家知道，在一些重要的关头，领导也会碰到棘手的难题，如果在此关键时刻，其他同事都束手无策的时候，你却挺身而出，使问题迎刃而解，那么，你就会赢得下属的认可和赞扬。

日常生活中经常听到一些人受到诸如"关键时刻掉链子"的埋怨，这样的人同样不会受上司的喜欢。在具体工作中，常会碰到"砸锅"一类的事情。这就需要领导急中生智，敢作敢为。下面大家不妨看一看诸葛亮如何在关键时刻显身手的：

马谡是诸葛亮手下的大将，屡立战功，也算是一位功臣，然而却留下了大意失街亭的遗憾。司马懿出兵进攻街亭这个咽喉要塞，为诸将提供了一个表现才能的好机会，马谡也瞅准了这个关键时刻主动请求把守街亭。诸葛亮深知街亭的战略意义重大，提醒道："街亭虽小，干系甚重：倘街亭有失，吾大军休矣。汝虽深通谋略，此地既无城郭，又无险阻，守之极难。"马谡立功心切，立下军令状，但他的想法并未如愿。街亭失守，打乱了诸葛亮出岐山的计划，马谡不仅没能立功，还丧失了卿卿性命，真称得上"十清一俗"。而同去的赵云、邓芝却表现甚好，没有损兵折将，还保证了军资什物的安全，深得诸葛亮的喜欢。诸葛亮亲自率领诸将出迎，见到赵云说："是吾不识贤愚，以致如此！各处兵将败损，唯子龙不折一人一骑，何也？"邓芝回答说："某引兵先行，子龙独自断后，斩将立功，敌人惊怕，因此军资什物，不曾遗弃。"诸葛亮夸奖道："真将军也！"还赏赐赵云50斤金子，取绢一万匹赏给赵云的部卒。赵云推辞不受，诸葛亮更是倍加钦敬，叹道："先帝在日，常称子龙之德，今果如此！"

同样的关头，同样的机遇，马谡把事情办砸了，赵云和邓芝却把事情办得很好，一个伤了诸葛亮的心，一个赢得了诸葛亮的赏识和敬佩，所以，关键时刻表现自己有很多经验值得总结。

关键时刻的难题最能考验人，所以必须具备冲上去的勇气。有的领导确实有才能，但害怕困难，或者采取事不关己高高挂起的明哲保身的态度，因而不敢在紧要关头站出来，自己的才能也不会表现出来。

其实，领导尽管不是毛遂，但敢于在关键时刻挺身而出，可以说是大家的老师。毛遂自荐随平原君到楚国谈判合作的军国大事，平原君与楚王谈了大半天也没结果，主要是楚王有些顾虑，决意不下。眼看谈判要以失败告终，随行的其他十九个人都一致动员毛遂上，考验他的时候来了。毛遂鼓足勇气，按剑历阶而上，问平原君："从之利害，两言而决耳。今日出而言，日中不决，何也？"楚王得知毛遂是平原君的幕僚后大怒道："胡不下！吾乃与尔君言，汝何为者也！"毛遂受辱但毫不含糊，提剑逼近楚王，以三寸不烂之舌说服了楚王，平原君出使楚国的大功告成。这一次出使楚国，使平原君认识了毛遂的价值，赞叹说："毛先生一至楚，而使赵重于九鼎大吕。毛先生以三寸之舌，疆于百万之师"，后来把毛遂作为上客看待。毛遂固然有才，但在这里他表现出了很大的勇气，可以说是智勇双全才获得了成功。有智无勇或有勇无谋均不能成功。培根先生曾说过一段与此关联的话为证："如果问：在政治中最重要的才能是什么？那么回答是：第一，大胆，第二，大胆，第三，还是大胆。"同样，如果要问：在关键时刻获得领导赏识的东西是什么？那么回答是：第一，勇气；第二，勇气；第三，还是勇气。

但是，单凭满腔热情和勇气并不够。关键时刻表现出色还必须知彼知己，方能百战不殆。马谡虽然具备了足够的勇气使他承担了守街亭的重任，但他并不了解敌我双方的情况，没有认真观察地形，同时刚愎自用，不听劝谏，于是稀里糊涂打了败仗。老古语也说：没有金刚钻，不揽瓷器活。既不能正确估价自己的能力，也不能估计事情的难度，势必有很大盲目性。马谡在估价自己时认为"某自幼熟读兵书，颇知兵法。岂一街亭不能守耶？"马谡在估价对手时放言："休道司马懿、张郃，便是曹叡亲来，有何惧哉！"马谡看了街亭地势后，还嘲笑诸葛亮多心，还违背诸葛亮的交代驻军在山头上，却执意不听王平的劝告。这些失误没有理由不导致失败。如果马谡能正确分析敌我形势，不至于到这种结局。诸葛亮在失街亭后，所做出的决定表明他是智勇双全的领导！

作为领导，要善于把握关键时刻获得下属的信任和重视，这就要求，一方面要善于发现某些关键时刻，另一方面也要善于把某些时刻变为关键时刻，善于创造关键时刻。

对关键时刻的把握是一个领导能力的体现。有的领导平时并不见得
有什么过人之处，但在一些非常关键的场合下，他却表现得尽善尽美，
有的甚至只不过是"十俗一清"，但也能受到下属的认可，不能不说他
高明。

只要你智勇双全，又善于把握关键时刻表现自己，也就很容易得到
下属地肯定了。

## 大胆训练"内行眼光"

领导要培养自己的经营战略，即训练自己的"指挥之力"，这样常
能在单位产生危机时力挽狂澜，救单位于水深火热之中。

下面让我们从实战看起：

曾经是 PC 技术先驱，最大的 PC 厂商苹果电脑公司，从 1995 年开
始走向衰落，难以为继。然而，这个几乎奄奄一息的企业，在 PC 市场
竞争更趋激烈的背景下，却从 1997 年开始奇迹般地复苏过来，扭亏为
盈。这其中，苹果公司的决策层在重重危机下处惊不乱，以战略眼光理
好各种关系，是扭转乾坤的关键所在。

### （1）走精品路线，造忠实信徒

领导的战略眼光往往表现在对企业的全面打造之力上。例如：苹果
公司的 Mac 机在 PC 世界的地位犹如奔驰、宝马之于轿车，劳力士之于
手表。虽然 Mac 机一直定价较高，但不少人宁愿多出钱买苹果机，以
显示自己的身份。"苹果"这一战略的明显作用不但实现了"三高"（高
质量、高价位和高毛利 53％）的目的，而且使它的品牌在世界享有很

高的知名度，形成一大笔无形资产。更引人注目的是"苹果"造就了一大批 Mac 机信徒。评论家指出，"苹果"既是一家企业，又代表某种"信念"，它不但为持股人提供价值，也是一个宣扬某种精神的组织。其他PC 公司只有用户，而"苹果"却拥有"信徒"，他们对苹果机"怀有宗教徒般的热情"，有的甚至以公司的标志文身。即使在"苹果"处境险恶时，这一群体依然对 Mac 机忠心耿耿。一位分析家感慨地说，尽管现在 Wintel PC（指以微软处理器作工业标准）同 Mac 机在市场的份额比例为 20∶1，但是从未听说过有人用针把这家公司的标志往自己的肉上刺。"苹果"在危机中挺了过来，这同它拥有一大批遍布全球的忠实的 Mac 机信徒不无关系。

（2）彻底改组领导班子，优化企业结构

前任总裁离职时，"苹果"正处于低谷，销售额陡降，开支失控，各个分部互相拆台，高层经理热衷于窝里斗，"苹果"引为自豪的顶尖人才纷纷他就。拥有"技术超级明星"、"脚踏实地的经理"、"PC 设计与推销大师"等多项桂冠的史蒂夫·乔布斯上任伊始，找准苹果公司内部的症结，不惜对领导班子实行"大换血"。在高层经理中，乔布斯大胆提拔在原先 Next 公司中配合默契、年轻有为的"新生代"。董事会 6 名成员全是新人，除他自己以外，5 名都是他亲自挑选的。他给每位董事发 3 万苹果股票，不给现金，使个人的荣辱得失真正与企业的经营绩效挂钩。他自己只作为董事接受股本，不领总经理的工资。通过领导班子调整，确立了他的权威地位，也强化了对整个公司的有效领导，使全体员工心往一处想，劲往一处使，终于挽"苹果"于狂澜之中。

（3）利用同盟增强竞争实力

"苹果"的复兴，可以说是众人拾柴火焰高的结果。在其衰落的过程中，许多软件开发商由于 Mac 机市场萎缩而不愿为它开发应用程序。1996 年有 70％的软件开发商开发 Mac 机软件，到 1998 年 5 月下降到 20％，这又反过来进一步影响 Mac 机的销路。为此，乔布斯在集中力量开发新型操作系统 0S8.0、0S8.5 和 OSX 的同时，把重建"苹果"同软件开发商的关系作为他着重考虑的问题之一。经过耐心工作，加上"苹果"境况的好转，软件开发商的态度有明显的转变。乔布斯还说服了电子游戏软件开发商与"苹果"合作，因为 80％的美国家庭都用 PC 玩这种游戏。另外，乔布斯创造性地制定了开发专供消费用于联网的 iMac 计划（i 代表因特网），为了使机器色彩迷人，设计人员专门请来了糖果公司的包装专家。经过 10 个月的设计，iMac 于 1998 年 5 月亮相，机器小巧轻盈，两侧为蓝色透明体，机器内部结构可一目了然，给人以亲近感，为其进入寻常百姓家打开了方便之门。

与对手联手，共享市场。原先的苹果公司在自成体系方针的支配下，一向独来独往，因为自身在技术上的优势而目空一切，蔑视同业，甚至讽刺"微软"在 1990 年开发的"视窗 3.0 操作系统"不过是"一块拙劣的废物"。乔布斯就任后，公司一改孤傲的态度，以积极务实的原则处理与同业的关系。最突出的表现是 1997 年 8 月乔布斯要求竞争老对手"微软"以 1.5 亿美元购买"苹果"4.5％股票的方式对"苹果"投资，这一要求得到了比尔·盖茨的同意，这对于处境维艰的"苹果"确实是雪中送炭。更重要的是"微软"保证在 5 年之内为它的 Office 组件开发 Mac 系统的应用软件。乔布斯一再说，"苹果"同"微软"的长期竞争对手关系已成为过去，现在是它的重要盟友。这一步棋的目的就在于利用"微软"的实力来支持"苹果"，事实上"微软"已成为最大的 Mac 系统应用出版商，这对于提高"苹果"竞争力和稳定它的市场起了很大的作用。当然比尔·盖茨也绝不是慈善家，微软公司反过来要求"苹果"由利用"微软"死对头网景通信公司的"导航员"浏览器软件改为它自己的"探索者"浏览器软件，以遏制"网景"。同时盖茨还考虑到，如果作为"视窗"操作系统的唯一竞争对手"苹果"垮掉了，"微软"将成为独此一家，更难以应付司法部关于微软违反反托拉斯法的指控。

从上述看来，在市场经济条件下，每个单位都生存在各种关系编织成的网络之中，而现实环境瞬息万变，任何单位都可能面临现实的或是潜在的危机。不少企业在顺境中尚能左右逢源，一旦陷入逆境，往往手足无措，造成各方面关系僵化，以至于内外交困。领导们都明白在单位向上发展中公共关系的重要；而在压力之下，似乎更应该学学乔布斯如何指挥若定，保持将帅风范。这是一种制胜的"指挥之力"。

## 做决策需要深思熟虑

最聪明的领导是个能够在复杂情况下做出正确决策的领导。领导做决策需要深思熟虑，然而思考的方式却有很多。由于正确的解决之道只有一个，因此集思广益是非常必要的。当你需要构思一个新的做法时，像思考如何减少股票投资损失这样的问题时，领导需要知道各种不同角度的想法，不论它是截然分歧的看法，是片面的想法，或是富有创意的思考。

每个人或多或少都有一些创意。而领导所要扮演的角色，是建立一种激励创新的工作气氛，让你的小组工作成员在这种气氛里能勇于提出新构想。

（1）了解你的职权限制以便做决策工作。假如你不太确定的话，要去问你的上级经理，请他就你的权限范围做一番确认。

例如你在公事上的各项支出，报账时，其金额在多少钱以内可以不需要单据，你有权给客户折扣，或是同意退费吗？假如有，最高的限度是什么？你可以聘用人员或辞退员工吗？类似这样的问题，你都需要有一个明确的指示可以遵行。

（2）勿要求你的经理帮你做决策。假如你碰到困难时，把各种可能的做法列一张表，选择其中的一项，然后与你的部属商量，将这种方法向你的部属做说明，训练他们也能自己做决策。

（3）不要把你所列的那些不同做法，都看成是互相抵触的，事实上它们很少会有那么截然不同的分别。最好的做法也许是采用折中的方式。例如假使你手下两个最得力的业务人员都想要担任公司的代表，这时你何不干脆把他们两人都派出去，给你的顾客来一个最深刻的印象呢？

（4）在做决定时，要尽可能地收集各有关资料。决策的制定是根据事实而不是你个人一时的情绪好恶。

（5）往后退一步，把问题做一番审慎的思考。唯有正确的决策才能解决问题。

不同的人有不同的才能，有些人擅长数字，有些人擅长文字，有些人则对史哲有天分。在做决策以前，要把你小组工作人员的才能派上用场。

（6）永远不要违背公司的政策。如果你认为公司的某一些规定有错误，你要在私下会谈时向你的上级经理提出质疑，让他知道不能因为"这是公司的政策"或是说"这些事情公司一直都以这种方式处理的"，就让一个不好的制度一直持续下去。一个经营成功的公司不会把已经确立的各种制度，都当作是绝对的。创新的构想之所以会产生，往往是因为人们从不同的角度去思考问题的结果。

（7）如果你对上级所做的某项决定不满意，你要冷静地与你的经理讨论这一个问题。讨论之后若仍然不满意，那么有三种选择：一是接受这项决定并给予全力的支持；二是将这个问题通过投诉程序向更高阶层反映；三是辞职。不要嘀嘀咕咕地接受这个决定，然后又在你的小组人员面前大加批评。你不是拿了薪水到公司来制造纠纷的，或是把你的工作同仁弄得无所适从，而且就算给你和每一个员工都不支持的决策撇清关系，也不能因此便赢得伙伴们的忠诚。

（8）干着急并不能解决事情。把事情从头到尾想一想，如果需要找别人帮忙时，不要觉得很勉强。

（9）当你的工作人员中，有人向你要求一些比较特别的待遇时，你要在同意之前仔细地想清楚。如果你同意让你的秘书延长他的假期，而却又拒绝其他人相同的要求，那你会表现得前后不一致，你的员工也会觉得很不满。

（10）你若决定因某些特殊的情况而放员工一天假，那你要把特殊情况的内容向员工说清楚，否则员工可能会将之误认为是一种惯例。假定你连着星期五因为业务较清淡的关系，特准员工提早下班回家，那么这并不表示员工第三个星期五也可以提早回家。

上面这些环节，表面琐碎，实则重要，直接体现出一个领导的决策能力如何。

## 谨防掉进是非之中

在任何一个单位，领导每天都会遇到一些是是非非的事，有时眼里看不过嘴就要说出来，有时忍不住就挺身而出，这是非常不明智的，犹如领导抱着一个随时要爆炸的炸药包，伤了自己。此时，领导应眼睛聪明，嘴糊涂，千万不要掉进是非之中，这样才可安心工作。

甲乙两位平日颇为要好的同事，最近竟然分别在你跟前，数落对方的不是，然而两人表现上依然友好。所以，你生怕两面皆讲好话，会被认为是两头蛇。其实，除了这点，你更该小心，因为另一个可能性是，甲乙是否在对你试探点什么？

先讲前一种可能。有些人心胸狭窄，十分小气，又善妒，所以因为某些问题，令两人发生心病，是不足为奇的，但表面上又不愿翻脸，故向较亲近者倾诉心中情，是自然不过之事。

你这个夹心人并不难做，同样冷淡对待两人是妙法，对方发现没有人同情，必然蛮不是味儿，定会另找"有爱心之人"，那么你就自动"甩身"了。

若发现两人是别有用心，旨在试探你对他俩的喜恶程度，你就该步步为营了。

既然对方的动机不良，你亦不必过分慈悲，不妨还以颜色。分别跟他们说："对不起，我不愿听你说朋友的坏话，因为我根本不想批评你俩！其实，我的看法对你们并不重要呀！"这一招，他们必然无功而退。

有人请你在公事上做"和事佬"，你其实有不少应留意的要点。

某些人可能为了某些目标，希望化干戈为玉帛，以方便日后做事，但亲自出面又太唐突，于是便找来"和事佬"。本来使人家化敌为友，是一件好事。但做好事之余，请做些保护自己的工作，亦即是给自己的行动定一个界限。

例如有人请你做"和事佬"，你不妨只做饭约的知客，或作为某些聚会的发起人，但不宜将责任全往头上冠，反客为主。你最好是对双方面的对与错，均不予置评，更不宜为某人去作解释，告诉他俩"解铃还需系铃人"，你的义务到此为止。

对领导不满、对公司不满，永远大有人在，遇上有同事来诉苦，大指某人有意责难他，或公司某方面对他不公平，你应该做到既关心同事的利益，又置身事外。

同事与某人不对付，指出对方凡事针对他，甚至误导他。

你或许会很有耐性地听他吐苦水，听他细说端详，但奉劝你只听，不问。尤其是切莫查问事件的前因后果，因为你一旦成了知情者，就被认定是当然的"判官"了，这就大为不妙。

你只需平心静气地开导他："我看某人的心地还不差，凡事往好处想，做起事来你会更开心的。"

要是对公司不满，你的立场就比较复杂，站在公司立场是你应该的，但站到同事那边，又有害无益。可是，人家来找你，保持缄默实在不礼貌。不妨这样告诉他："公司的制度不断改进，这次你觉得不公平，或许是新政策的过渡期，你不妨跟领导开诚布公谈一下，但犯不着坚持己见。"轻轻带过才是上策。

一位向来忠心得很，又已服务公司多年的同事，突然告辞，惹得众说纷纭，不少同事还千方百计去细问当事人，誓要找出真相。

其实，知道了真相，对你有好处吗？肯定没有，坏处倒有一大堆。例如，你或会无端被卷入人事漩涡，晓得行政层的秘密，对你的工作态度多少有些影响。还有，你更有可能被列为"某类分子"。

所以，过去的即将过去，不必去追究了；除非这同事向来与你颇投契，自动向你诉衷情，但你亦只宜做个聆听者，万万不要做"播音筒"。

你应该做的是送上诚意的祝福，赠对方一件纪念品，当作纪念你俩的情谊吧！又或者，请对方吃一顿饭，当作饯别。

至于其他同事的行动，你大可不必理会，也不必加以批评，这叫作独善其身，不掉进是非之中。

## 又"瞎"又"聋"栽跟头

诸葛亮曾说："一国之主如果只喜欢报喜不喜欢报忧，拒听诤谏，则忠臣不敢进其谋，而奸臣就得以逞其恶。君主有眼不观察目前局势，就如同盲人；有耳不听旁人的意见，就好似聋人。"

有些领导又"瞎"又"聋"，在工作上免不了要倒台翻车。集思广益，虚心听取别人的意见，才可不断地纠正错误，弥补阙漏。免得日后吃大亏，栽跟头，闹得一蹶不振。

汉武帝刘彻如同他的老祖宗刘邦一样，对待臣下傲慢而又无礼，他曾蹲在茅房里接见大将军卫青，会见丞相时，衣着也是随随便便大大咧咧。他的确是"略输文采"，他经常以各种方式招纳贤才，仿佛他真的是求贤若渴。但他天性严酷冷峻，即便对那些他素来宠信的大臣，一旦稍觉不合心意，或小有过错，他也一杀了之，毫不宽待。

主爵都尉汲黯是一个敢于直言进谏的大臣，他敢当面顶撞武帝说："陛下求贤不厌其烦，可贤才未尽其用便被杀掉，以有限的人才，像这样没完没了地杀下去，臣恐怕天下的贤才将会被杀尽，那时，陛下再用谁来治理天下呢！"

汲黯说上述这些话时，态度很不冷静，怒容满面，大臣们都为他捏一把汗，寻思着他是提着脑袋说真话。哪知汉武帝这次不但没发脾气，反而笑着说："什么时候没人才？就怕人不能识别罢了！只要能识别，还用担心没有人才么？所谓人才，不过是件有用的工具，有才能而不发挥作用，同没有才能一样，不杀留着干什么？"

汲黯心中不服武帝的这套议论，依然硬着脖子说："我虽然不能说服陛下，但还是以为陛下是不对的，希望陛下从今后能够注意，有所改变，不要以为臣是个糊涂不懂道理的人！"

汲黯咬住不放，自然使武帝十分恼火，不过他不愿在大庭广众之下，同汲黯这么唇枪舌剑地辩论下去。他避开这个话题，转移目标，环视着在场的大臣说："汲黯要说自己是个好奉承、不敢揭短的人，那倒也不是。他说自己糊涂，我看倒真是这样。"

他就这样用"王顾左右而言他"的办法，结束了这场谈话，始终没有怪罪汲黯对自己的无礼。

据史料记载，汉武帝对待手下大臣，唯有对待汲黯，非常恭敬，不穿戴整齐，决不出见，有时汲黯来得突然，他来不及穿戴，便躲在帐中，听他奏事。那些在武帝高压政策之下惶惶不可终日的大臣，看到皇帝还有这么宽容的一面，自然也会感到一点点慰藉，减少一分不安了。

难能可贵的是汲黯，他并不因为真话难说，而不敢说真话。古人有一句话："人必自侮，人方侮之。"意思是说，假如一个人自己都不尊重自己，那么别人也就不会尊重你了。汲黯因为自重，所以他赢得了武帝的尊重。

孔子说，爱护士兵如不能驱使士兵，厚待士兵如不能命令士兵，那么爱护和厚待就失去了应有的意义。所以士兵若违反军纪，误了军机大事，将领对他就不可再讲情面了，无情的原则最后还是不应该被情的仁爱所淹没、取代。当罚者就罚，当斩者就斩，就如诸葛亮当年挥泪斩马谡一样。

作为一个领导人，统率一个集体，领导一群员工共同奋斗创业时，不能独断专行，大家的事要发动大家想办法，大家来做。这样，领导人不能总是听"好话"，更多的时候要听听周围人唱的反调。"反调"虽然不免刺耳，但其中往往蕴含真理，蕴含着合理化的建议，于人生有补，于事业有益，一如带刺的仙人掌，摸之刺手，用之却有巨大的药效。

"好话"，哪怕是一捏一把水的谎话，都能调动听者的情绪，能满足听者的自尊心、虚荣心，因而听起来确实顺耳些。如果这"好话"，再加进点糖，添进点蜜，那就更加有滋有味了，听起来自是如食甘饴，如沐春风；恶言，特别是那些损人、伤人、毁人的恶毒话，往往是无中生有，恶意攻击，自是如刺如冰让人触之心疼、心寒。

但是，实为忠言、大实话的"恶言"似乎不太受欢迎，因为它太直、太实，能一下掀出老底，一针刺中痛处。所以"好话"总是吃香，"恶言"总是不受欢迎。

但仔细一想，脚踏实地的人还是应不要为"好话"所陶醉，"好话"

听过之后，除了心花怒放，热血加剧流动一阵之外，似乎再也于事无补；至于"恶言"中的那些恶毒话，自是应嗤之以鼻，不必往心里装，免得郁气伤肝；那些实为忠言、直言的所谓"恶语"，听起来虽然不太顺耳，但极有益处，亦如良药，虽然苦口却能治病。

一个集体走向成功的道路上，往往有绊脚石，有荆棘，只有与集体休戚与共的人，才会思索如何回避这前进路上的障碍，他们唱唱反调，更多时候是部下出于对领导的爱戴，对集体的赤诚、关心。明白了这点，就应给唱反调的人予以保护，而不应当厌弃，更不应当给小鞋穿。

**强化心理：越过硬就越坚定**

## 领头的四大心理

领导，即领头者。一个单位的管理也和大公司一样是一个比较重要的一环，一个大公司的管理理念，领导者不但自己要悉心明确，还要使之昭然于全体员工和社会人士，得到他们的认同和支持，这样才会使自己获得更多的成功机会。这是公司达到目标的一种方法。相反，领导们如果漫无目的，则只会导致员工们出现各自为政的现象。

俗话说："群雁高飞靠头领"。领导者要在经营单位时立足于不败之地，除了要有正确的、肯定的经营理念，更重要的还在于要求领导们具有以下四种必备的素质，因为它们是领导艺术的基础。

### （1）要胸怀宽大，有容人之量

一个公司的领导如果有容纳别人错误的气度，便可以助长员工们勇于尝试的信心，激发他们的创造热情，从而为公司带来更大的效益。世上没有总是顺顺利利的事情，任何业务上和人事上的不利情况，领导者都是应该忍耐片刻，思谋而后动的。如果对员工们一些小错误或失误，动不动就大发雷霆，使员工们羞得无地自容，便会吓怕了他们。在以后的工作中，他们会不求有功，但求无过。企业也就会因此缺乏向前向上的发展趋势，使企业进入呆滞的运行状态。

**（2）办事果断，有决断力**

身居企业高位的领导应该坚毅果断，气度非凡，做事婆婆妈妈，畏首畏尾，效率低下，都会影响领导者在公司中的形象。在有些公司中，领导迟疑不决，不敢做出果断的决定，一件事情一拖再拖，拖后又推，不但员工们不能心服口服，于公司的管理利益来讲也十分不利。办事果断有决断力是领导者的素质，也是领导者的风范。

**（3）要不屈不挠，有意志力**

只要看清了前面的路，认准了，就不理会四周的任何压力和阻挠而一往无前，不怕任何失败。作为企业领导也应该是这样，例如在推行一项新政策时，不能畏于压力和障碍就裹足不前；实施一项新的方案，不能因为目前的困难而轻言放弃，更不能花言巧语地为自己的坏行为作粉饰。有意志力的领导通过行动将之表现出来，行动是企业管理的有效要素。

**（4）要有勇气**

如果说，活力表现着人们的精神面貌的话，勇气则体现出追求进取的气魄。"智者不惑，勇者不惧，诚者有信，仁者无敌"，公司领导身居众人之首，没有勇气，则不能来领导员工，不能扩大经营和开拓业务，当然也就无法表现出自己的领导才能。自古狭路相逢勇者胜，不论在激烈的商战中，不论在互不相让的谈判桌上，也不论在企业的管理中，勇气总会给领导增添一股气势，使对手畏怯。只有无畏的勇气，领导艺术才能在管理中得以尽情发挥，领导才能领好头！

### 心理上始终有"忍耐"两字

领导如何锻炼自己的忍耐力呢？不妨这样看：在别人都已停止前进时，你仍然坚持；在别人都已失望放弃时，你仍然进行，这是需要相当的勇气的。使你得到比别人较高的成功概率。正是这种坚持、忍耐的能力，是不以喜怒好恶改变行动的能力。

忍耐的精神与态度，是许多人能够成功的关键。推销商品时，不管对方怎样的傲慢无礼，总不会怒然而返，这种人才能得到胜利。一次推销不成，两次、三次、四次，最后使对方不但钦佩他的勇气与决心，并会感受到他的忍耐与诚恳的精神而成全了他，照顾他的生意。

在商界中，能做最多的生意，赢得最多的主顾，销最多的商品的，是那种不灰心、能忍耐、决不在困难时说出"不"字来的人，是那种有忍耐的精神、谦和的礼貌，足以使别人感觉难拂其意、难却其情的人。

一受刺激就不忍耐的人，不会有大成就。

人们的天性决定了他们对各商家的推销员，总有些不欢迎；只要能够把他打发开，总设法打发掉。但当人们遇到了一个有忍耐精神、谦和态度的推销员，事情就不同了。他们知道，有忍耐精神的推销员是不容易打发开的；他们常常由于钦佩那个推销员的忍耐精神而购下了他的商品。

有谦和、愉快、礼貌、诚恳的态度，而同时又加上忍耐精神的人，是非常幸运的。

做我们所高兴做的事，做我们所喜欢而感到有兴趣的事，这是很容易的，但是要全神贯注地去做那种不快的、讨厌的、为我们的内心所反对的，而同时又为了别人的缘故不得不去做的事，却是需要勇气、需要耐性的。每天怀着坚强的心，怀着勇气与热诚去从事我们所不适宜，不想做的工作，从事我们内心反抗，但义务所在，不得不干的事，年复一年这样下去，真是需要英雄般的勇气与忍耐心的。

作为领导者你需要有过人的忍耐力。因为一旦你升为管理者，职位的改变总会带来一些隔阂，你是一位领导者，就必须担负着领导员工工作的职责。你要保持上司的威望，就必定要忍受寂寞的煎熬。只有你具有了自制的能力，才能在寂寞孤单时妥善处理这一心态，冷静地处理你与员工之间的隔阂。自制也就是过人的忍耐力，它是作为一位好的管理者众多优秀素质中的一条。只要你具有了过人的忍耐力，你便能克服心中的寂寞感，很好地处理与员工的关系，从而更好地开展工作！

你享有了有毅力、有决心、有忍耐力的名誉，世界上总不患无你的地位。但是，假使你显出一些意志不坚定与不能忍耐的态度，人家会明白，你是白铁，不是纯钢，于是人们就会瞧不起你。

没有不顾障碍而坚持奋斗的勇气与百折不回的忍耐精神，终不能成就大的事业。懦弱、意志不坚定、不能忍耐的人，不能得到他人的信任与钦佩。只有积极的、意志坚强的人，才能得到大家的信任。如果没有大家的信任，那么事业的成功是很难期待的。

不管社会发生什么变化，意志坚定的人总能在社会上找到位置。人人都相信百折不回、能坚持、能忍耐的人。意志的坚定能生出信用来。假使你能够不管情形如何，总坚持着你的意志，总能忍耐着，则你已经具备了"成功"的要素了。

所以，从某种角度来说，忍耐不失为一种领导心理的体现。

## 以冷静的头脑对待危机

领导的头脑必须在任何时候都冷静，才能不犯错误，才能应对危机。

一旦面临危机、遭受失败，无论影响有多么严重，领导都要正视现实。应该说，危机与失败对人的心理冲击往往是很强烈的。领导面对危机与失败的第一个考验就是对心理冲击的承受力的考验。据心理学家分析，人在遭受挫折打击的时候，常见的心理包括：震惊、恐惧、愤怒、羞耻、绝望等。这些都是极为不利的心理因素，如果陷于心理挫伤的泥坑里面而不能自拔，那就会在失败中越陷越深，以至走向毁灭。所以，要警惕这些失败心理的影响。面对危机与失败，要有正确的认识和健康的心态。

面对危机最重要的是要保持沉着冷静，处变不惊。古人说"安静则治，暴疾则乱"。如果心里先慌了，那么行动必然要乱。只有冷静沉着，才有可能化险为夷，转危为安。有这样一个事例，可以说明沉着冷静在危急时刻的作用：

在印度一家豪华的餐厅里，突然钻进一条毒蛇。当这条毒蛇从餐桌下游到一个女士的脚背上时，这女士虽然感到了是一条蛇，但她未慌乱，而是一动不动地让那条蛇爬了过去。然后她叫身边的侍童端来一盆牛奶放到了开着玻璃门的阳台上。一位一起用餐的男士见此情景大吃一惊。他知道，在印度把牛奶放在阳台上，只能是引诱一条毒蛇。他意识到餐厅中有蛇，便抬眼向房顶和四周搜寻，没有发现。他断定蛇肯定在桌子下面。但他没有惊叫着跳起来，也没有警告大家注意毒蛇，而是沉着冷静地对大家说："我和大家打个赌，考一考大家的自制力。我数 300 下，这期间你们如能做到一动不动，我将输给你们 50 比索。否则，谁动了，谁就输掉 50 比索。"顿时，大家都一动不动了，当他数到 280 个数时，一条眼镜毒蛇向阳台那盆牛奶游去。他大喊一声扑上去，迅速把蛇关在玻璃门外。客人们见此情景都惊呼起来，而后纷纷夸赞这位男士的冷静与智慧，如果不是这一招，此间肯定有不少的脚要乱动，只要碰撞到眼镜蛇，后果便可想而知了。他笑着指指那位女士说："她才是最沉着机智的人。"

这个故事中的女士和男士很值得领导学习。当单位面临危局的时刻，同样需要这种沉着冷静的心理品质。人在危急时容易恐惧、紧张、行为失措。而一旦冷静下来，你的智慧就会"活转"过来，帮你寻找到摆脱危机的办法。

要做到沉着冷静，就要摆脱和消除面对危机而产生的急躁不安、焦虑、紧张的情绪。混乱和捉摸不定以及缺乏驾驭局面的自信心，是引发焦躁的原因。所以，要摆脱焦躁的方法就是认清危机情势，找到解决办法，强化心理素质。

## 跌倒之后立即爬起

每名领导都会在工作中遭受挫折，即使跌倒之后，也要立即爬起来，因为只有那些跌倒了爬起来掸掸身上尘土再上场一拼的人，才会在充满竞争中获得成功。

在西方生意场中，要是你没有破产的经历，只能算个无足轻重的小人物。一旦你破产超过三次，就会有人站出来拍胸脯支持你再干。因为，只有那些跌倒了爬起来掸掸身上尘土再上场一拼的人，才会在充满竞争的生意场中获得成功。

经营活动是充满各种风险的活动，有时会陷入绝境，甚至破产、垮台。但是，创业者应具有百折不挠的精神，屡败屡战，不被眼前的困难所压倒，在绝境中冷静地捕捉新的生机，顺应事物发展规律，适应市场的需要，确定新的发展策略。

既然有心去做，就不能有失败的心理，应该只许成功，不准失败。

做生意有时亏损，有时赚钱，不可能有永远的胜利。在这种反复的过程中获得成功，才是最真切的。但是，既然有心去做，就不能有失败的心理，应该只许成功，不准失败。遭逢横逆，并非环境之故，也非时运不济，应归咎于经营方法上的不切实际之处。真正的经营者面临不景气时，反而能奠定发展的基础。

最重要的是，要改变那种无所谓而又毫无信念的思想。

几乎所有小企业的发展都是没有规律的。常常是时起时伏，有时甚至是大起大落。有的小企业刚刚打开局面，又面临着新的危机，发展缓慢。因此自信心是非常重要的。一个人一旦失去自信心，那么很有可能碰上一点点挫折，就会气馁。可以想象，像这样的人是什么事情也办不成的。另外，为了度过重重难关，一个人的自我约束也是必要的。一个小企业家为了企业的发展，首先要勇于作出自我牺牲，心甘情愿放弃企业所给予的高待遇，不图个人享受。只有企业得到充分的发展，才能有个人的一切。这就是指全心全意地承担义务的献身精神。

## 压力压倒的是懦夫

领导者的肩上担负着更多的责任，他们常要独立承受因危机而带来的恐惧。如无很好的心理承压能力，也不具备"扶大厦之将倾，挽狂澜于既倒"的勇气与智谋，是不足以领导企业的。

"人生不如意事，十有八九。"人生到处充满了挫折、伤痛、苦难甚而是绝望。诗人聂鲁达说：人生是一场历险，在一定意义上，也可以说人生是一场苦难。人生之帆随时都有遭遇风险的可能。

强者能在人生海洋中自由航行，到达彼岸，而畏惧风险的懦夫，永远只能躲在宁静的港湾，欣赏别人的乘风破浪。

在商场上奋斗的人，尤其是作为大企业的领导者，他们所要遭遇的险境，所要面临的抉择，所要承受的压力，总要比别人强烈得多。这正是很多人成不了领导的原因，也是很多人具备领导素质却不愿身为领导的最大缘由。"无官一身轻"，在决策者的位置上，你将不再完全属于自己。

一旦你失败，不仅是你一个人、一个家庭的损失，而将是数千万人、成千上万个家庭的损失。"数千性命于一身"，对待灾难，你将诚惶诚恐。

风险将不期而至，领导者必须有大无畏的精神，镇定以对，而不是让灾难吓倒自己。而且，这同样是你锤炼自己的机会。"任凭风吹浪打，我自岿然不动。"这是成就大事者处事的风度。

以勇士的精神面对危险，以骆驼般的忍耐来担负压力，从危险中发现机会，并采取有效的行动，以摆脱险境。

绝不要让来自危险的恐惧压倒了斗志，而是用强有力的行动主动出击。

## 克服恐惧心理

恐惧是领导成功最大的阻碍。时常，有些领导为了求安定，而让恐惧左右他们的决策及行动。真正成功的领导不会如此。他们的理智来自创意及求胜的决心。艾森豪威尔总统说过："如果一个人的一生只求安定，他可以在监狱里安稳地过日子。"成功的领导愿意冒险——理性的冒险。

每一个人都会恐惧。但什么是恐惧呢？那种情绪，也是一种警告的讯号，提醒我们趋吉避凶；使我们在作决策或采取行动之前，先暂停下来，对情况做更谨慎的评估。

我们必须运用恐惧，而不是受制于它。一旦它达成警告的目的之后，就不能再让它影响我们的理性，或是干预我们的行动。

经济大恐慌时，罗斯福有一句名言："除了恐惧本身，我们一无所惧。"到了现在依然适用。

你如何克服恐惧？面对你的情绪，告诉自己："我不害怕。"然后再问自己："不怕什么？"接着开始分析你所面临的情况。以理智克服恐惧的情绪障碍。

接下来是从各个角度考虑问题。有什么危险？是否值得冒险？还有哪些变通的方法？可能遭遇哪些阻碍？你是否掌握足够的资讯？当别人遇到类似的状况时，他们如何处理？结果如何？

在你完成研究及分析时，要采取行动——立刻行之！拖延只会造成更多的怀疑和恐惧。

害怕在晚上独处的人，只要想象自己听到一些噪声，就可以克服恐惧。方法很简单，把一只脚放在地上就可以了，此时他已经跨出第一步，积极地走出恐惧。一个人想要追求成功，也必须强迫自己，跨出接近目标的第一步，以同样的方式克服恐惧。

## 掌握解除双度压力的招数

双度压力是指自我压力和他人压力。作为领导，应当学会解双度压力。在你这个部门内瞄几眼，看看是否会让部属有压迫感？如果有，想点办法吧。

压力指数通常是有所表现的，这可从"生理"与"心理"两个层面去探讨。在生理上的典型特征有：焦虑、头痛、胸腔与背部的疼痛、心悸、呼吸困难、肠胃不适、常有疲倦或昏厥之感。

当然，你不可能每天为部属做体检来检测出这些毛病，但却可以从外表所浮现出的异常行为来判断部属（或是你自己）是否已出现了过度紧张的警讯。

（1）反应过度：只是随便说个两句，反应就出奇的激烈。

（2）麻木不仁：无论上司交办什么事情，都装作没听到。

（3）能拖则拖：能拖到明天，就不急着今天做。

（4）虚晃一招：像无头苍蝇似的到处流窜，但却交不出一张具体的成绩单。

（5）自生自灭：固执不通，宁可玉石俱焚也不愿接受他人的善意援助。

（6）自暴自弃：即使自己的工作不断地受到他人干扰，也不会介意。

（7）逃避现实：大祸临头之际，依然摆出一副"生死有命"的洒脱态度。

（8）完美主义：穷钻牛角尖，把所有时间都泡在一些无关宏旨的细节上。

（9）朝三暮四：三分钟热度，什么事情都想做，但都只做一半。

（10）轻重不分：把十万火急的工作扔到一旁，先做那些还可以拖的事情。

（11）到处插花：好管闲事，到处招惹事端。

（12）鞠躬尽瘁：天天加班，越耗越晚，把公司当成自己的家，把家里当成旅馆。

（13）哀莫心死：每天迟到早退，做事心不在焉。

在你周遭的同事、部属，乃至于顶头上司是否曾出现过这些特殊的"肢体语言"？那你自己呢？

老王在一间制药厂担任高级技术员，平日表现良好，各级领导干部都是赞不绝口。但是最近他的经理发现他的情绪似乎不太稳定，经常无故对同事吼叫；要是找他来询问工作进展，也是轻描淡写，不知所云。

经理明白老王最近可能碰到了一些麻烦，因此约他过来长谈。一开始他仅推说是在工作上不太顺手，但最后在经理苦口婆心的劝解下才道出内情：原来他的儿子最近出了车祸，生命垂危，目前还在加护病房中观察。经理随即给予事假，让老王能全心全意料理这宗不幸的家变，以免他把负面情绪转嫁到工作上。

著名的管理心理学教授古伯说：为什么人们在上班时会觉得压力很大？这恐怕要归咎于他们的上司以及管理态度。

治疗心理压力疾病的诀窍在于洞察先机，防患于未然。你当然不可能去帮部属防范家变，但至少在工作上可以设法让他们的日子好过点。

那该如何去减轻部属的压力呢？下面有一张清单可供你参考。请按"实用性"将这份清单自行排列一下，看看有哪几项可收立竿见影之效。

（1）乐于聆听部属的心声与意见。

（2）向部属分析，要如何才能在事业上更上层楼。

（3）让部属得知，你对他们在工作上的要求是什么。

（4）鼓励部属去自行分析焦虑症状的成因。

（5）邀部属参与决策过程。

（6）当部属表现优异时，不吝于给予嘉勉。

（7）尽量避免对部属做不必要的批评。

（8）不要让过多的工作把部属给累垮。

（9）让部属有机会向你请教私人问题。

（10）鼓励部属多从事有益身心的"课外活动"。

除此外，你也可以借着下列这些诀窍来帮助部属以及你自己去减轻工作压力：

（1）事有轻重：每天进了办公室之后，就该确认今天有哪些事要做，轻重缓急各是如何。别忘了，你也得兼顾家庭生活。

（2）善用时间：不是很重要的事情就不宜投入太多的时间。

（3）逐级授权：省下来的时间，才能让你去研究各项工作的优先次序。

（4）勤于沟通：走出办公室，走近部属，多和他们聊聊。

我们现在已经明白许多工作压力其实是源于家庭因素。虽然你不能去过问部属的家务事，但至少可以提供给他们一些良好的建议：

①公私分明：不要把公事带回家去处理。如果你经常如此，就意味着你在排定事情的处理顺序、时间的应用技巧，以及逐级授权等方面欠缺研究。

②常做运动：要把这当成习惯，但不要走火入魔。医学专家曾经证实，以轻快的步伐去散个步，所收到的健身效果会比长时间的慢跑来的好。

③培养嗜好：选定一些有趣的休闲活动来投入其中，将有助于松弛紧绷的心情。

④注意饮食：饮食要均衡，避免维生素和矿物质的摄取不足，避免高热量的食物。

⑤全心护家：多花点时间与心思去解决家庭问题，毕竟这才是让你无后顾之忧的唯一方式。

领导应当善于自我疏解压力，也要善于给员工舒解压力，这样才能给公司增添良好的工作气氛。

## 胜利永属于自信者

领导必须要有自信，没有自信的领导将会失败。这一点不用怀疑！

据说只要拿破仑一上战场，士兵的力量可以增加一倍。军队的战斗力，大半来自士兵对于其将帅的信仰中。将帅显露出疑惧张皇，则全军必会陷于混乱、动摇；将帅的自信，可能加强他部下健儿的勇气。

人的各部的精神能力，像军士一样，也应信赖其主帅——那不可阻遏的"意志"。

对于个人，有坚强的自信，往往可以使得平庸的男女能够成就神奇的事业，成就那些虽则天分高，能力强却又疑虑与胆小的人所不敢尝试的事业。

你的成就之大小，永远不会超出你的自信心的大小。拿破仑的军队决不会爬过阿尔卑斯山，如果拿破仑以为此事太难的话。同样，假使你对于自己的能力存在严重的怀疑和不信任，你一生中就决不会成就重大的事业。

不热烈坚强地企盼成功而能取得成功的，天下绝无此理。成功的先决条件就是自信。

河流是永远不会高出于其源头的。人生事业之成功，亦必有其源头，而这个源头，就是梦想与自信。不管你的天分怎样高，能力怎样大，教育程度怎样深，你的事业上的成就，总不会高过你的自信。"他能够，是因为他认为自己能够；他不能够，是因为他认为自己不能够。"

建立自信心是成为一名高效领导者的良好基础。几乎所有高效的领导者都很自信。

假设你是一个公司的经理，谣传这个公司濒临倒闭，在一次全公司的会议上，总裁哭着说："对不起，我在危机中无计可施，我觉得我无法使公司摆脱困境。或许你们当中有谁能试一试，扭转公司的局面。"在这种情况下，雇员们会有一种不安全感，人们都会忙着去找新的工作而无法把注意力集中在现任工作上。因此每个人都希望总裁能在危机面前表现得更加有信心。当然，如果总裁行为傲慢或者轻视危机，员工也会感到不安全。

在大多数情况下，表现最佳的领导者拥有足够的自信心来主管事物并消除大家的疑惑。

培养并发展自信心是改进领导能力的基础。自信心与领导艺术是相辅相成的。如果人们接受你为领导者，你的自信心就会增强。反过来，你的自信心愈强，你愈容易被接受为领导者。

自信心很重要，还因为它能使你更加坚信自己办事的能力——被称为自我功效。有强烈自我功效感的人表现极佳。他们也为自己设定崇高的目标。自我功效可以使领导效率提高；有自我功效的领导者相信工作是可做的。结果，这些领导就会鼓舞他人完成一项艰巨的任务——开发新的市场。

## 做好本职工作的心理素质

成功领导一般都具有以下做好本职工作的心理素质，大家不妨参考一下：

### （1）要有"如履薄冰"的敬业心态

英雄大业不是一蹴而就的，不经一番风霜苦，哪有梅花扑鼻香？成大功、立大业者，都得经过艰苦卓绝的奋斗，志向远大者仅以受磨难而论是不够的，因为受磨难与受得了磨难的人相当多，不一定个个都能出名，人人都能成英雄、有成就。其事业更不是在粗心大意和侥幸中完成和取得的，往往都抱有"战战兢兢，如临深渊，如履薄冰"（《诗经·小雅篇》）那样的态度，是一点一滴积累起来的。故胸怀上博大宽广，光明磊落，细节上渐渐积累，战略上目光长远，事业上能屈能伸，再加之坚强的意志，完美的人格，方可替自己事业的成功奠下厚实之基石。

**（2）要有寄人篱下的气度**

要想成就一番大事业，单靠自己一方面的力量是不够的。在力量不强大时，就要善于借助他方的力量，扛起有名望或有实力一方的大旗，寄人篱下，寻找大靠山。在他方的大树下面开辟一片新天地，这不仅仅是谋略，也是一种成功经验的智慧产物。

**（3）要有敢为人先的胆识**

美国前总统里根曾经说道："所谓英雄人物，不见得比别人勇敢，但他们至少会比一般人多五分的胆识。"

要创造成功，就必须要有胆识。你若不去尝试，便永远得不到成功。胆识是怎么来的？其实它是逐渐培养而得，只有敢去尝试，便等于为自己增加一分胆识，也等于为成功增添一分机会。

害怕、畏惧在英雄人物的字典中是找不到的。因为他们了解，畏惧只会令他们躲在阴暗中不敢面对现实，如此终究是看不到光明和成功的。因为唯有站起来，才能打破阴暗，创造成就。

"胆"，代表敢于而勇于尝试、有智慧。所谓敢是有勇有谋，不是有勇无谋。有谋，就是谋略在先、行动于后。

谋略的目的，就是要未雨绸缪，应对可能发生的危机。有人遇到危机，便会四处莽撞，正如有句俗话说的："病急乱投医。"

事实上，有许多危机并非想象中那么严重，只要你理性、冷静，便可清晰地观察出来龙去脉。遇到危机，最忌先入为主，已有主观观念和态度，便难与人客观、平静地沟通。除此之外，拟定策略时，必须有效。策略有效，才能一举化危机为转机，但敢不敢运用，则应视你决心果断与否。

"识"，代表学识、专业素养。要谋略有效，学识是相当重要的。专业素养丰富，策略才会有前瞻性、建设性，如素养不足，你就只能稍有触及，但无法深入问题。

当你具有厚实稳固的素养基石，你便能够承受各种撞击的冲击。这正如飞机要能够飞得远，并且速度快，它的引擎必须是最好、最先进的，同理，你要高人一等，学识就必须胜人一筹。

专业素养应该具备两个条件："专"且"深"。这就像你要采得石油，必须不断地深入，如此你得到石油的机会才会提高。如果你只是大量挖掘却不够深入，那你就只是探勘不足，永远不会采得。

**（4）要有一种追求快乐的乐观精神**

据一项统计，在所有职业的人之中，最快乐的职业是商人，这从一个角度说明，商人必须具备一种永远向前的快乐精神，而这种快乐是他创造财富的重要前提。我们注意到，有许多创业者每天沉浸在忧虑和担心之中，他们的心理压力破坏了自己的快乐心情。正如一位心理学家指出的那样，破坏快乐的有效方法莫过于对任何事物只集中于注意瑕疵，例如望向天花板时只盯着缺了块铺板的那处地方。正如有个秃子对我所说的："每次我走进人多的房间，只会注意到人家没有一个是秃头。"

一旦你找出自己缺少快乐的原因，就要探讨若重新取得快乐，应该采取怎样的方法。

第一道秘方是感激。快乐的人都存有感激之心，无感激之心的人不会快乐。我们总以为人是因为不快乐才抱怨，其实抱怨可致人不快乐的说法更有道理。

第二，要知道快乐是另一件事情的副产品。最明显的快乐源泉是各种使我们生活有目标的活动，例如研究昆虫或打打球。你越是投入你所喜爱的活动，越可体验更多快乐。

最后，应有如下的信念：这世界上有些永恒的事物是超越我们的，而且我们的生存有更重大的意义。这信念会使我们生活得更快乐。我们需要精神上或宗教上的信仰，或者秉持自己的人生观。

无论你的人生观是什么，都应该包含这个道理：如果你凡事都从好的方面看，对人生一定有好处。如果你总是往坏处想，日子就难过了。正如你想不想过开心日子一样，这事完全在于你的态度。

## 心理指数与德才互动

成功的领导必须过心理关，一定要学会给自己的心理"打分"，这样才能形成良好的心理品质，另外，作为一名优秀的领导还必须德才兼备，与心理指数构成互动关系。

领导不可缺少的基本心理素质，可以分为智力品质和个性心理品质两大类。

智力品质主要包括观察、学习、记忆、思维、决断、想象、表达能力等；个性心理品质是人的心理状况稳定性倾向的总和，主要包括性格、气质、情绪、意志、兴趣等。

由于领导工作是一项十分复杂繁重的脑力劳动，在整个领导过程中，领导的心理活动频繁，智力活动也很紧张，两项活动所产生的影响较大，这就需要领导具有健全的智力品质和个性心理品质。

健全的智力品质，应包括观察细致、学习刻苦、记忆持久、思维敏捷、决断迅速、想象丰富、表达明确等。

健全的个性心理品质，包括的内容更为广泛，在性格方面，主要表现为诚实、勇敢、勤奋、踏实、认真、宽容、谦虚谨慎、豁达开朗、富有强烈的责任感和牺牲精神；在情绪方面，主要表现为目标明确，对工作充满热情，情绪长期稳定，不忽冷忽热，感情不轻易外露；在意志方面，主要表现为坚定不移、锲而不舍；在兴趣方面，主要表现为求知欲旺盛，既广泛涉猎，又保持专一；在气质方面，主要应和客观环境保持和谐的统一。

鉴于领导居于支配全局的领导岗位，具有健全的心理品质就显得尤为重要。和德才条件相比，心理品质属于"基础素质"，它经常地、间接地发挥作用，因而往往不如德才条件易受人们的重视。其实，这实在是一种错觉和偏见。古今中外，杰出的领导人才，无不具有完善的心理品质。周恩来同志不仅在德才方面无与伦比，举世钦佩，在心理品质方面，同样十分完善。他机敏、自信、意志坚定、精力充沛、情绪稳定、具有广泛的兴趣和惊人的记忆力，在中外人士面前，措辞严谨、分寸恰当、风趣幽默、妙语如珠，形成了一种他特有的谦虚、谨慎、文雅、潇洒、富有感召力和吸引力的伟人风度。不仅全世界的同志和朋友敬爱他，为之倾倒、折服，甚至连敌人也敬畏他、佩服他。与此相反，在历史上，尽管才华横溢、博学多识，但由于心理品质存在严重缺陷，而身败名裂者，也不乏其人。如春秋战国时期的庞涓，三国时期的周瑜，都因为心胸狭窄而招致失败；楚霸王的刚愎自用，马谡的骄傲自大，也是导致他们失败的重要原因之一。

既然心理品质属于"基础素养"的范畴，它对领导的成长又具有如此重要的影响作用，那么，它和德才因素又是怎样的关系呢？

我们说，德才因素和心理品质，具有十分密切的关系。两者既具有相对的独立性，又互相渗透，互相作用。尤其是心理品质中的智力品质一类，在许多方面和才不能截然分开，而个性心理品质一类，也有不少方面和德相通。因此，可以说，领导者的德才水平，是通过健全的心理活动，不断积累和提高的。与此同时，心理品质也在这心理活动中得到形成和巩固。一般情况下，15 岁至 18 岁左右开始，人的心理品质进入活跃的"可塑期"，到了 35 岁以后，无论是智力品质和个性心理品质，都趋于"相对稳定期"。这一心理规律表明，选拔领导人才，不应该片面追求年轻，甚至越年轻越好。在多数情况下，应尽可能选拔接近"稳定期"，或者步入"稳定期"的优秀干部。

根据近年来对河北省张家口市七十六个处（县）级单位的主要领导干部的剖析，专家们发现德才条件和心理品质发展平衡，表现一致的，约占 87.7%。如品德高尚者，一般表现为情绪稳定、意志坚强、学识较高者，一般表现为思维敏捷，兴趣广泛。这就足见德才因素和心理品质是紧密相连，互相作用的。此外，还发现约有 12.3% 的领导干部，德才条件和心理品质发展不平衡，表现不一致。如有的德才不错的领导干部，却存有性格不开朗、工作情绪忽冷忽热、思维不敏捷、处事过于死板等心理品质上的缺陷。而少数德才平庸，表现一般的领导干部，在心理品质方面，却显得性情乐观、思维敏捷，处事灵活、记忆持久。这表明两者还具有相对的独立性。

在现代管理活动中，领导者与客观世界发生许多复杂的纵横联系，每天要接受和处理大量信息，要正确处理各种人际关系，充分调动上、下、左、右的工作积极性，因此，领导者具有一般社会成员并不一定需要的更为完善的心理品质，就显得尤为重要和迫切了。

如上所述，心理品质与德才因素的协调作用，是通过积极的心理活动为中介，而逐渐达到平衡和一致的。

每个立志成才的领导，应该自觉培养和锤炼健全的心理品质，使自己具备适应日趋复杂、繁重的领导工作的一切基本素养。

# 第二部分

# 用 人

## 领导谋事的黄金法则

领导用人的法则事关重大，难怪天下谋事之道都是以怎样利用人才为大要的。这说明用人问题是任何一名领导都不能忽视的。我们常佩服有些指挥艺术高超的领导，调动其下属的时候，能把他们放在恰当的位置上，让他们闪光放热，为公司或单位增加才智。大家知道，用人与怎样用人是两个问题。一名优秀的领导只有自己重视人才，才能发现人才，才能任用人才。这是领导谋事的黄金法则。离开这一点，即使有再多的千里马，也会没有一匹真正驰骋疆场的良马。

用人之策，是领导谋事的黄金法则：主要包括用人到位、观人角度、恰当原则、调动本领、安排技巧、合成智慧、减失措施，其核心是能用尽自己身边的所有人才，给他们位置，锻炼他们，让他们最大限度地发挥潜力，另外还要减少用人的失误环节。

**用人到位：让大家都不闲着**

## 知事择人因事用人

清代思想家魏源讲过这样一段话："不知人之短，不知人之长，不知人之长中之短，不知人之短中之长，则不可以用人。"所以，作为人事领导干部，在用人上，一定要深知人，并且要善用人。比如，对于遇事爱钻牛角尖者，你不妨安排他去考勤；对于脾气太犟、争强好胜者，你可以安排他去当攻坚突击队长；对于办事婆婆妈妈、爱"蘑菇"者，你最好让他去抓劳保；对于能言善辩喜聊天者，你可以让他去搞公关接待。

在日常的人事管理当中，如果坚持了这一原则，将使组织发挥出最高效能。

遵循这一原则，要求管理者在创造外部条件方面注意以下几个方面：

（1）创造竞争条件，发挥人才的创造力。有人做过这样的一组试验：把一批志愿者分为 A，B 两组，对两组人员进行为期两个月的观察。虽然每个人都干着最适合于自己的工作，但 A 组每天吃喝、玩、乐，没有压力也没有负担；B 组则被派到一个十分险恶的环境中去完成任务。待到观察结束，发现 A 组人员精神萎靡不振、没精打采、思维迟钝；相反，B 组人员克服了种种意想不到的困难，不仅出色地完成了任务，而且个个精神抖擞、思维敏捷。这说明因事择人是一个动态的复杂的系统工程，必须创造外部条件使人的潜能真正得以发挥，否则，不仅造就不出优秀的员工，还会给公司带来损失。

（2）创造一个宽松、和谐的环境。作为人事领导干部要对下属员工给予更多的肯定，要重能力、重实践。在日常管理中要容忍员工偶尔疏忽所做的错事，也要允许他找机会改正过错。只有这样，才有可能使企业中的员工愿意在适合自己的位置上放心大胆地发挥自己的长处，人人都愿为企业的兴旺发达而贡献力量。

（3）创造一个流动的环境。在用人问题上，不仅要做到"用其所长"，还应做到"人畅其流"。只有这样，才能做到真正意义上的"人尽其才"。流动从某种角度讲，也是缓解矛盾的一种方法，同时也促使部门管理者更加爱惜人才。员工有了更多的选择机会，才能更好地施展自己的才能，企业也会因不断地、相对稳定地"吐故纳新"，最终给企业带来活力。

## 识人所长，知人所短

识人要全，知人要细，为的是识人所长。识人的目的是用人，因此，着眼点就应放在一个人的长处上，注意力集中在一个人的优点上。正如管理专家克拉克说："一个聪明的领导干部审查候选人决不会首先看他的缺点，至关紧要的是，要看他完成特殊任务的能力"。

清代思想家魏源指出："不知人之短，不知人之长，不知人长中之短，不知人短中之长，则不可以用人，不可以教人。"

事实上，人各有所长，亦各有所短，只要能扬长避短，天下便无不可用之人。从这个意义上讲，领导干部的识人、用人之道，关键在于先看其长，后看其短。唐代柳宗元曾讲过这样一件事：一个木匠出身的人，连自家的床坏了都不能修，足见他锛凿锯刨的技能是很差的。可他却自称能造房。柳宗元对此将信将疑。后来，柳宗元在一个大的造屋工地上又看到了这个木匠，只见他发号施令，操持若定，众多工匠在他的指挥下各自奋力做事，有条不紊，秩序井然。柳宗元大为惊叹。对这人应当怎么看？如果先看他不是一位好的工匠就弃之不用，那无疑是埋没了一位出色的工程组织者。这一先一后，看似无所谓，其实十分重要。从这个故事可以悟出一个道理：若先看一个人的长处，就能使其充分施展才能，实现他的价值；若先看一个人的短处，长处和优势就容易被掩盖和忽视。因此，看人应首先看他能胜任什么工作，而不应千方百计挑其毛病。

在用人所长的同时，要能言其所短。短处包括两个方面：一是人本身素质中的不擅长之处；二是人所犯的某些过失。

其实，任何人才，有其长必有其短，识别人才重要的一点就是不可以短掩长。倘若识人，只注意某一个侧面，而这一侧面又正好是人才的缺点或短处，于是就武断地下结论，那么，这种识才的方式是非常危险的，大批人才将被抛弃和扼杀。孔雀开屏是美丽的，倘若一个人不看孔雀那美丽的羽毛，只看到孔雀开屏露出的屁股，就武断地认为孔雀是丑陋的，那就实在是有失公允了。

## 人人都有可用之处

不言而喻，在现实生活中，总是能用的人远远多于不能用的人，为此，我们应当首先探讨"怎么用"方面的三种不同性质的用人行为。

首先，利用。利用是领导者对被使用对象缺乏必要的信任感，但由于被使用对象尚有"可用之处"，他的某一专长对领导者的事业有益，在此情况下领导做出的策略性的用人抉择。

领导者为了维护自身的利益，而对一些自己并不信任的下属，予以暂时的有限度的"任用"，这种任用，通常具有以下特点：授予下属的职权有限，影响不了大局；使下属受到严密监视和控制；任用有一定期限，过期需要重新任命，一旦完成了使命，领导者马上可以对被使用对象弃之不用；具有一定的伪装性，使被使用对象觉察不出自己受到了利用；领导者与被使用者之间缺乏共同语言，双方互有戒心，又各有所求。

在用人过程中，也有可能领导者增加了对被使用对象的信任，情况向好的方面转化，即由利用转为使用，甚至重用。

领导者为什么会用自己本不信任的人呢？就是因为被利用的人具有一定的才能。从这个意义上说，利用是对使用和重用的一种有益的补充，它能最大限度地开发人力资源，使领导者在组织管理中，获取最大的人才效益。

在用人实践中，掌握多种巧妙利用下属的用人艺术，是每个领导者应该具有的基本功。道理很简单：并非所有的下属都值得上司使用或重用，如果不善于巧妙利用那些不能予以使用的下属，那么，情况也许会变糟，这些下属也许会把时间和精力用在给其上司制造麻烦上。实践证明，巧妙地利用不值得信任的下属，将帮助领导者成功地度过一个又一个难关。

其次，使用。对于绝大多数下属来说，领导者是愿意使用他们的。使用，是用人抉择中最为普遍的一种用人行为，它是领导者对被使用对象具有一定的信任感，被使用对象自身又具有一定的德才素质的情况下，领导者做出的一种平常的用人抉择，领导者的这种用人行为，通常具有以下特点：职权相对稳定；感情因素不占支配地位；理解程度不深。

最后，重用。按照人们通常的理解，只要领导者将某个下属放在最显赫的位置上，授予他最重要的职权，这个下属就可以说受到了他上司的重用。

在领导者的用人行为中，重用是一种具有战略性的用人抉择。被重用者的德才素质的优劣，往往决定了一个管理系统的兴衰成败。重用得对不对，通常会对事态的发展产生极其重要的影响。与利用和使用明显不同，重用具有以下显著特点：信任度最高；感情因素占支配地位；在动态变化中保持较深的理解程度；下属都有进一步得宠或突然失宠的可能性；下属事实上掌握影响事态发展的"特权"。

## 人才要合理搭配

在一个人才结构中，各人才因子之间最好有一种相互补充的作用，包括才能互补、知识互补、性格互补、年龄互补、综合互补。随着现代科学技术的发展，很多研究、攻关项目是需要体现多边互补原则的，这里既有知识互补，又需要能力、年龄等方面的互补。这样的人才结构，在科学上常需"通才"领导，使各个人才因子各得其位，各展其能，从而和谐地组织在一个"大型乐队"之中。

　　国外的研究认为，一个经理班子中，应有一个直觉型的人作为天才军师，有一个思考型的人设计和监督管理规程，有一个情感型的人提供联络和培养职员的责任感，并且最好还有一名冲动型的人实施某些短期的任务。这种互补律得到的标准和结果是整体大于部分之和，从而实现人才群体的最优化，用人时不能不认识到这一点。

　　事实也反复证明了人才结构中的这种互补律在人们的实际生活中可以产生十分巨大的互补效应。

　　用人过程中，熟悉掌握人才之中的互补定律是十分必要的。在一个人才结构中，各人才因子之间最好有一种相互补充的作用，包括才能互补、知识互补、性格互补等，形成这样的结构特征，有利于提高整个人才结构的效能。

　　用人首先要了解人才中的才能互补律。丹麦天文学家第谷有着杰出的观察才能，他日积月累，得到了大量天文观察资料。虽然如此，他的学说仍然没有摆脱托勒密地心说的羁绊。1600 年，第谷请来一位助手，德国天文学者开普勒，此人虽然观察才能不及第谷，但长于理论分析和数学计算才能。他们两人密切合作，但不久第谷就去世了。依靠第谷丰富的观察资料，开普勒进行了大量的理论分析和研究，大胆地提出了火星轨道为椭圆形的开普勒第一定律，接着又提出了第二定律（行星与太阳的连线在相等的时间内扫过相等的面积）和第三定律（行星公转周期的平方等于它与太阳距离的平方）。开普勒行星运行三定律的发现，是第谷观测才能与开普勒理论、计算才能互补效应的结晶。

　　用人还需要了解人才中的知识互补律。德国的席勒与歌德，是18 ～ 19 世纪两位杰出的诗人。歌德听说席勒要写《威廉·退尔》这个剧本,就把自己搜集到的资料、素材全部交给他;当席勒知道歌德在写《威廉·麦斯特》这部长篇巨著时,他也积极参加了写作。这一对诗友之间,不仅在所追求的理想上是互相一致的,而且在知识上是互补的。

用人不仅要了解人才的才能互补律、知识互补律,而且还应了解人才中的个性互补律。在任何一个人才结构里,人才因子之间都存在着个性差异,气质、性格各有不同。例如,有的脾气急,有的脾气缓,有的做事精细、耐心,有的理事麻利、迅速。这些不同的个性特征,都可以从不同角度对工作发挥积极作用。如果全都是一种性格、一种气质,反而不利于把工作做好。例如,全是急性格的人在一起,就容易发生争吵、纠纷。这有点像物理学上的"同性相斥"。个性互补,有利于把工作做好,这在中国女排的崛起中得到体现。原女排教练袁伟民总结经验时说过:"一个队十几个队员应该有各自的个性,这个队打起比赛来才有声有色。如果把他们的棱角都磨平了,那这个队也就没有希望了。"这话讲的是很有道理的。一般而论,人才都有着极明显的个性特征,如果抹杀了他们的个性特征,也就抹杀了人才,只有把他们组织在一个具有互补作用的人才结构中,才能充分发挥他们的巨大作用。

用人须知互补律,其中年龄互补也是其不可缺少的一大定律,老年人有老年人的特长和短处,青年人有青年人的特长与短处,中年人有中年人的特长和短处。这无论从人的生理解剖特点还是从成才有利因素来讲,都是如此。因此,一个好的人才结构,需要有一个比较合理的人才年龄结构,以使得这个人才结构保持创造的活力。明朝皇帝朱元璋取得政权后采取的是"老少参用"的方针。他考虑的是:"十年之后,老者致休,而少者已熟于事。如此则人才不乏,而官吏使得人。"显然,朱元璋主要考虑的是执政人才的连续性、后继有人问题。这里还有更深一层的理论意义，老少互补对做好工作，包括开拓思路、处事稳妥，提高效率等都具有重要意义。

随着现代科学技术的发展，很多研究、攻关项目是需要体现"多边互补"原则的，这里既有知识互补，又有能力、年龄等方面的互补。这样的人才结构，常需"通才"领导，使各个人才因子各得其位，各展其能，从而和谐地组织在一个"大型乐队"中。

曾经有五位诺贝尔奖奖金获得者试图解决超导微观理论的创立问题，但是都未能如愿以偿，而这项成果的夺魁者，却是巴丁、康柏和施里弗三人。他们三个人组成了一个具有互补作用的人才结构：巴丁老马识途，指引方向，康柏年富力强，思维敏捷，施里弗善于创新，方法灵活。这是一个多边综合、多边互补的范例。

综合互补的用人之道在现代化建设中，越来越占有重要的地位。工程规模越大，越需要在其人才结构中体现这一原则。

## 用人不疑，疑人不用

这个原则要求企业人事领导对员工要给予充分的尊重与信任。如果对部下怀有疑虑，不如干脆不用。既然要用，就一定要明责授权，放手大胆使用，让他充分发挥才干。

"知人善任"固然是管理者应具备的才识，而"用人不疑"，尤其是人事管理者应具备的品德。

用人不疑，疑人不用要求人事领导干部要对自己的下属给予充分的信任，要尊重下属应有的权利，唯有如此，员工才会产生"滴水之恩，涌泉相报"的感情，正所谓"士为知己者死"。

古今中外的很多事例也都说明，事必躬亲，对下属人员处心积虑，处处干涉的管理者是难以留住人才的。有创意、有能力的人绝不希望领导干部者做他们的"婆婆"。尤其是一些知识分子和技术人员特别希望人们对其尊重和信任，对他们放手放心，充分信任，委以重任。只有这样，才能有效地调动他们的工作积极性，激发他们内在的创造性。新加坡某家酒店对授权赋能的运用发挥到了极致。据报道，从清洁工到经理一共 650 名员工都可以不经上级批准而采取行动，去抚慰不满意的顾客。人力资源助理总裁说："如果上级不点头，员工连最小的决定都做不了，那就是不信任他们。"1996 年 1 月酒店开张之际，每位员工都发了一张"信条卡"，上面列有 20 条提供高水准服务所必须遵守的基本事宜。其中最显眼的是"尽一切可能留住顾客"，"哪怕这意味着请顾客回来吃一顿饭或为顾客买套新西装，都行"。人力资源助理总裁进一步解释说。

遵循这一原则，还需要企业人事领导干部具有超人的胆量和独到的慧眼。也就是说，要有爱才之心、容才之量、识才之能。就其思想方法来说，就是要注意以下三方面：

（1）要认识到"人无完人"的道理

才干越高的人，其缺点往往也越明显。自古就有一些人曾因瑕掩瑜而因小失大。古代"张敞画眉"的故事很有名。张敞是汉武帝时的才子，后来成了武帝的名臣。他和他的妻子感情很好，因为他的妻子幼时曾受过伤，眉角有了缺陷，所以张敞就每天为妻子画好眉后才去上朝。于是有人把此事禀告了汉武帝。一次，武帝在朝廷中当着许多大臣对张敞问起了这件事。张敞就说："闺房之乐，有甚于画眉者"，意思是说，画眉这样的小事，自然不能算是违背礼法的。因为夫妇之间、闺房之中还有比画眉更过头的事情呢。你只要问我国家大事做好没有，我替妻子画不画眉，你管它干什么？

我们在孔子弟子中也可看出，德行上有成就的，言语未必成功。而言语上有成就的，如子贡，在德行上又未必有颜回的高洁。

在企业中也确实有许多人才，他们的缺陷也如同他们的成就一样令人惊叹！作为管理者对下属决不能求全责备，好像要求每个人都是圣贤似的，应牢记"水至清则无鱼，人至察则无徒"这句古训。

（2）要提高识别人才的能力

有些管理者本人的学识水平与工作能力往往也限制了他们识才的本领。汉魏时代的刘邵在他的《人物志》中下了这样的结论："故一流之人，能识一流之善；二流之人，能识二流之美。"宋朝包拯在《论取士》中把"审人之术"归纳为："以贤知贤，以能知能。"这些话虽有些绝对，但仍明了一个道理：人事领导干部不仅要有招贤纳士的强烈意识，而且还须提高识别人才的能力。自身的平庸，将会导致整个管理层都成了无能之辈。

（3）要跳出"马太效应"的制约

社会上往往有这样一种现象：一个无名小辈，即使在某一学科上做出了很大的成绩，也很难被人承认、接受；一个有声誉的科学家，尽管没有新的发明创造，却仍可以凭他的声望赢得人们对他的推崇。这一现象在科学上被称为"马太效应"。"马太效应"实际上与战国时期的重"名家"、重"资历"的传统习俗是一脉相承的。有些管理者的眼睛总局限于那些已被人公认的"名流",或者是外单位的"人杰",却很少从自己的下属中发掘出"能人"和"新秀"来。

作为人事领导干部应跳出"马太效应"的制约,才能发现许许多多过去未曾注意到过的人才。

## 给个"大梁"让他挑

要做大公司,在于有没有几个挺天立地的核心人物,必须让员工产生"挑大梁"的欲望,为公司贡献才智。

作为领导,仅仅了解职员的内心愿望还不够,不要以为多发奖金,多说好话就能调动员工的积极性。人是很复杂的,要让他们为你卖命工作,需要你施展更细微的手段。

有几个方法可以让下属的需求获得充分满足,同时又能激发他们勇于"挑大梁"的热情和干劲,并以此来提高工作效率。

### (1)向他们描绘远景

管理人要让下属了解工作计划的全貌及看到他们自己努力的成果,员工愈了解公司目标,对公司的向心力愈高,也会更愿意充实自己,以配合公司的发展需要。

所以管理人要弄清楚自己在讲什么,不要把事实和意见混淆。

下属非常希望你和他们所服务的公司都是开放的、诚实的,能不断提供给他们与工作有关的公司重大信息。

若未充分告知，员工会对公司没有归属感，能混就混，不然就老是想换个新的工作环境。

如果能获得充分告知，员工不必浪费时间、精力去打听小道消息，也能专心投入工作。

**（2）授予他们权力**

授权不仅仅是封官任命，管理人在向下属分派工作时，也要授予他们权力，否则就不算授权，所以，要帮被授权者清除心理障碍，让他们觉得自己是在"独挑大梁"，肩负着一项完整的职责。

方法之一是让所有的相关人士知道被授权者的权责；另一个要点是，一旦授权之后，就不再干涉。

**（3）给他们好的评价**

有些员工总是会抱怨说，管理人只有在员工出错的时候，才会注意到他们的存在。身为管理人的你，最好尽量给予下属正面的回馈，就是公开赞美你的员工，至于负面批评可以私下再提出。

**（4）听他们诉苦**

不要打断下属的汇报，不要急于下结论，不要随便诊断，除非对方要求，否则不要随便提供建议，以免流于"瞎指挥"。

就算下属真的来找你商量工作，你的职责应该是协助下属发掘他的问题。所以，你只要提供信息和情绪上的支持，并避免说出类似"你一向都做得不错，不要搞砸了"之类的话。

（5）奖励他们的成就

认可下属的努力和成就，不但可以提高工作效率和士气，同时也可以有效建立起信心、提高忠诚度，并激励员工接受更大的挑战。

（6）提供必要的训练

支持员工参加职业培训，如参加学习班，或公司付费的各种研讨会等，不但可提升下属士气，也可提供必要的训练。教育训练会有助于减轻无聊情绪，降低工作压力，提高员工的创造力。

## 信任让下属更有干劲

一般人都有自尊心和荣誉感。当人的自尊心受到社会和人们的尊重时，就会产生一种向心力、合作感，就会与社会的人们保持和谐一致的行动。但当人的自尊心受到社会人们的侵犯时就会本能地产生一种离心力和强烈的情绪冲动，过度的刺激和过度的情绪作用，都会对社会和个人产生极为不良的后果。因此，只有尊重别人的人格、尊重别人的劳动成果，才能团结别人，并受到别人的尊重。领导者要带头尊重人，使组织内部人人感受到别人对自己的尊重，从而和睦友好相处，齐心协力完成组织的共同任务。

一般人都有自信心，都有成就感，都抱有通过自己的努力去做好某项事情的心情和愿望。领导者在量才授职之后，应该信任他们，放手让他们大胆地开展工作。用人不疑，给以信任，可以给人以巨大的精神鼓舞和无形的力量。苏联教育学家马卡连柯把信任人作为一个管理教育原则，并完满地取得了实验研究的成果。他曾把一张金额很大的支票交给一个正在改造的青年去直接领取，由于他信任这个青年，从而获得了这个青年的信任，终于完成了领款的任务。当然，这种信任不是盲目的、无根据的，而是经过仔细的观察和审慎的选择。由此可见，信任别人的人，才能得到别人的信任。那些在用人时嘀嘀咕咕、将信将疑、顾虑重重的人，是不符合用人原则的。

东汉光武帝刘秀在河北与自立为帝的王郎展开大战，王郎节节败退，逃入邯郸城里。经过二十多天的围攻，刘秀大军攻破邯郸，杀死王郎，取得胜利。

在清点缴获得来的书信文件时，官员们发现了一大堆交通王郎的信件。这些信件有好几千封，内容大都是吹捧王郎，攻击刘秀的，写信者都是刘秀一方的人，有官吏，有平民。

有人很气愤，说这些人吃里爬外，应该抓起来统统处死。曾经给王郎写过信的人，则提心吊胆，心里十分害怕。

刘秀知道这件事后，立即召集文武百官，又叫人把那些信件取过来，连看也不看，就叫人当众把它们扔到火盆中烧掉了。

刘秀对大家说："有人过去写信私通王郎，做了错事。但事情已过，可以既往不咎。希望那些过去做错事的人从此安下心来，努力供职。"

刘秀的这种处理方法，使那些曾经私通王郎的人松了一口气。他们都从心眼里感激刘秀，甘愿为他效劳。

刘秀的做法很值得现在领导者借鉴。人非圣贤，孰能无过，如果抓住别人曾经犯过错误不放，三天一提、五天一批，怎能使人安心工作呢？看来做领导的还应该学会"忘记"。

## 有过错的下属要放心使用

对有过错的下属，如能放手使用，常会收到一石三鸟之效：一能使其更加感激领导的尊重和信任；二能使其痛悔自己的过错；三能使其拼命工作，以便将功补过。西汉末年，一次更始帝刘玄巡视军营，一位裨将违反军规，被绑在辕门外准备问斩。许多将士求情赦免，刘玄不准。这时刘玄身边的刘秀说了一句颇富哲理的话："使功不如使过。何不让他将功补过呢？"刘玄深思片刻，即令人松绑。后来，这位裨将在作战中果然立了大功。

"使功不如使过"，表面看来似乎有违常理，其实却隐含着更深刻的道理。实践表明，有过错的人往往比有功劳的人更容易接受困难工作。并且由于使用有过错的人本身，对有过错的人来说就是一种强大的激励力量，就足以使其一跃而起，创造出令人"刮目"的成绩，因而不必再给予诸如奖金、荣誉、提职升级等形式的激励。特别是他们因犯错误而受到社会的歧视和冷落之后，其最大愿望往往就是恢复自己的价值和尊严，重新获得社会的肯定。领导者一旦提供这种机会，他们便会迸发出超乎常人的热情和干劲，完成常人难以完成的任务。

当然，"使功不如使过"是就一般情况而言，它并不能适用于任何人。现实生活中那些有功并且觉悟又高的人，同样是很容易使用的。我们这里分析"使功不如使过"，是为了说明有过错的人往往更容易使用，并且更需要领导者放手使用。做到这一点，过错对许多人来说，则不会成为一种沉重的心理负担，而是一种催人自新、奋进的强大动力。

## 给英雄以用武之地

有些领导总是抱怨公司里能人太少，他恨不得想使自己的部下变成能杀能闯的"猛将"。

不用说，这种想法是不切实际的，如果公司里的每一个人都是精华荟萃，技艺超群，老板的命令，就没有威力啦！其实每个人都有他的长处，哈佛认为，只要你能很好地掌握他们的特点，把他们放到最能发挥其作用的位置上，你的公司就会变成人尽其才，物尽其用，团结一致的公司。

在二次世界大战中，由于战争的需要，临时招募了许多各行各业的人参军打仗。有这样一支小分队奉命驻守在一个小岛上。他们当中有大学教师、机械工程师、政府机构的办事员也有泥瓦匠、小饭馆老板、裁缝铺的学徒，还有消防队员、小提琴手、汽车修理工等等。他们一到岛上，就都行动起来了。有的用捡来的木条、干草搭起了简陋的帐篷，有的用自制的工具支起了炉灶，还有的忙着施展烹饪手艺，人人都演出自己的拿手戏，在各自擅长的方面尽情地发挥。一顿丰盛的晚餐过后，还举办一场热闹的晚会，大家有说有笑，有唱有跳。

几天过后，小岛遭到敌人的攻击。在枪林弹雨的战场上，大学教师和小饭馆老板便显得手足无措，失去了用武之地，而消防队员和汽车修理工则能够临阵不乱，熟练地使用手中的武器，对敌人进行了狠狠的打击。

从这个例子中我们可以看到：大学教师受过高等教育，掌握的知识较多，可以说是比较有才华的人了，可是一打起仗来，他却不如一个只念过几年书的消防队员。这就是所谓未在其位，能力就不能得以施展，

"英雄无用武之地"即是如此。

美国哈佛大学的经营管理学专家提醒经营者，你的公司就好比这个小分队，也是由各色各样的人组成，他们都有自己的看家本领，身为老板，你就要能做到对部下的特点、能力甚至个人的性格了如指掌，做到适才适所，使内在的潜力得到充分的发挥。唯有如此，你的公司才可能会高人一筹。

但是，这里很值得注意的一点是，对部下要深刻了解，明察秋毫，不能凭自己的认识来盲目做出安排。

汤姆是刚从财经学校毕业的大学生。他仪表堂堂，口才出众，而且交际能力很强。被老板一眼看中，聘任为公关部的副经理。然而在与顾客打交道的过程中，由于汤姆缺乏诚信的态度和实干精神，又经常言过其实，故而给公司的形象造成了很不好的影响。几个月后，就与老板不辞而别啦！

可是要真正做到"人得其位、位得其人"并不是一件容易的事情。在用人上，基本的原则是让员工诚实、肯干、能吃苦。即使把一个才华横溢的人放在一个很好的位置，由于他敷衍了事，粗枝大叶，也不能结出累累硕果。

## 妙用"刺头"人物

在一些企业当中，你不难发现有些人极其聪明，好动，不愿拘泥于形式，有着鲜明的个性，在古怪离奇的想法中也有上佳的表现。这些被领导们称为"刺头"人物。由于他们工作不安分守己，想法又特别离谱，甚至公然煽风点火使员工与你作对，你往往对他们恨之入骨，但又可惜这块可用之材。

如果你仔细想想，把这些"刺头"与那些业余"人事秘书"相比，他们应该算是企业中的积极力量，能为人际的真正和谐创造良好的氛围。

你不妨与他们和平相处，有效利用他们的个性特点，为企业人际和谐的达成，自由创新氛围的形成发挥作用。由于"刺头"好动、开朗的个性，所以他们都有着很好的人缘，而且那天赋的"煽风点火"的本领使他很善于集结群众。如果不看其他方面，单就发动人员，组织活动而谈，他们也许比你更适合当领导。企业人际的和谐需要人们在一次次的集体合作、活动的氛围中逐渐培养而成，刺头似乎成了这些活动的最好组织者。你应该给他们充分施展"个人魅力"的空间，把他们从不习惯的工作方式中解放出来，帮助你策划企业的集体活动，并且委之以大权，充分利用他们的才能。"刺头"的新奇妙想有时看起来很离谱，但这种创新的精神应当值得你大力提倡。

企业的活力，需要每个成员创造性的活动，"刺头"在这里可算是"无冕的急先锋了"。他们为企业引入了活跃的思维空气与自由谈论的绝妙气氛，为企业创新提供了良好的氛围。你千万别与"刺头"对立起来，聪明的领导者会因势利导让他们在企业中上蹿下跳，充当活跃气氛的角色。

"刺头"是绝不会拘泥于形式的。这也许正是你所担心的，这就意味着企业中的纪律、本本、框框、杠杠对他们毫无作用，企业会不会因为他们而乱成一团糟呢？其实这是你的多虑，也正是你把员工没有当成成年人的具体表现。

领导者对企业的一些事情恐怕是很少过问的，或许至今都不记得总则的第一个字了。随着社会的发展，你也许会注意到那些框条最终是流于形式，它们在某种程度上还限制了创造性的发挥。"刺尖"的出现，正是为企业破除陈旧观念，建立新秩序配备了人选，你只要合理地利用他们的长处，企业的人际关系必然会呈出一个自由、开放、和谐、团结的良好气象。

### 怎么用争强好胜的下属

有些下属对成败看得很重，为求达到目的不择手段，或者忽略了合作的重要性，出现了自以为是、自作主张的情况。

当你发觉下属中有这类型的人时，切勿劈头即警告对方自作主张，此举会使他们产生反叛性。由于好胜心的推动，甚至有一种要"征服你的意志"的念头。

对待这类下属，不要随便作出称赞。尽管他完成了任务，但该项任务并非你期望的，而且发觉其后可能会出现某些后遗症；你无须表现得很高兴，也绝对不要称赞他。若无其事的应答一句，表示你已知道他完成任务就足够了。同样地，当他依照你的指令，完成你所期望的工作时，才予以称赞。这样做，可使他知道你不鼓励他过分自作主张的行为，因而渐渐地便会追随你的步伐而行。

你可能会有许多不愿屈居女性之下工作的男性下属。他们的自尊心极强，尤其是涉及一些处事作风，更加不肯让步；以致本来可以顺利完成的工作，经过许多波折才能完成，浪费了大家的宝贵时间。

最恼人的，是这类下属不肯承认错误；如果直接指出他们的错处，他们会坚持到底，以保自尊。在他们心目中，没有其他事比败在女性上司手上更丢脸。

应付这类下属，无论是男领导干部抑或女领导干部，均以保护对方自尊心为出发点。只要他有下台的机会，就不会过分坚持己见。在互相研究问题时，尽管不同意他的意见或作风，也不立刻予以反对。方法是将问题交由他自行解决。你的信任反而会令他再三反省，怕有出错之处。如果你实在希望他采用你的方法，可以向他提出一些难题，在他未想到解决方法时，假意作出建议："也许尝试这样做，看看是否管用？"

年轻而富有冲劲与理想的男性下属，往往容易出现处事过于冲动的流弊。

他们过分崇拜效率，缺乏对事情的缜密处理，以致工作虽然如期或提早完成，却出现许多后遗症。光是收拾后遗症，也耗去不少精力和时间。

无可否认，他们的效率是一流的；如果忽略这一优点，光指出他们的瑕疵，会使他们感到泄气。可惜有时候，重要的环节给漏掉，又是何等令领导干部烦恼的事！

倘若任由他们发展下去，将造成一种习惯，而且下属无法在工作中得到改进。

面对这类型的下属，首先对他们的工作效率表示称赞，然后引导他们审查自己的工作细节。适当时候加以阐释效率和质素同样重要的道理。

甚至找机会让他们跟进处理一些后遗症，让他们知道贪快捷而产生的问题。事实上，处理因疏忽而导致的问题，比处理一项新问题要来得困难。

## 用人的心理学

任何一个人能力的实际发挥不仅仅取决于人才所具有的具体知识和技能，还与人才的许多非智力因素有密切关系。同样每一个工作岗位对人才的能质要求也不仅仅是智力方面的，还包括非智力方面的。所以，领导者在用人方面必须考虑以下问题：

（1）分配工作要注意气质类型

心理学上将人的气质分为胆汁质、多血质、黏液质和抑郁质四种，不同气质的人对工作的适应性不同。例如胆汁质人精力比较旺盛，动作敏捷、性情比较急躁，在开拓性工作和技术性工作岗位上较为合适；多血质人性格活泼、善于交际、动作灵敏，在行政科室或多变、多样化的工作岗位上更为适宜；黏液质人深沉稳重、克制力强、动作迟缓，适合安置在对条理性和持久性要求较高的工作岗位上；抑郁质人性情孤僻、心细敏感，优柔寡断，适合安排在连续性不强或细致、谨慎性的工作岗位上。现实生活中的人大多数是四种气质的混合体，这里讲的只是有所侧重而已。

（2）分配工作时要考虑人的兴趣

大家常说，兴趣和爱好是最好的老师。因为当兴趣引向活动时可变为动机；当人产生了某种兴趣后，他的注意力将高度集中，工作热情将大大高涨；人一旦产生了广泛的兴趣，他就会眼界开阔、想象丰富、创造性增强；总之，兴趣将使人明确追求、坚定毅力、鼓足勇气、走向成功。因此，企业在使用人时，除了要求专业对口外，还要适当考虑一个人的兴趣。因为任何人的兴趣都是可以变化的，只是程度和速度不一样罢了。领导者一定要注意员工们的兴趣性，让他做他感到有兴趣的工作。

**调动本领：学会激励下属**

## 调动员工积极性的手段

### 1. 工资激励

所有员工，都希望自己能从工作中获得满足。工资待遇是满足其生存需要的重要手段。有了工资收入，不仅感到生活有保障，而且还是社会地位、角色扮演和个人成就的象征，具有重要的心理意义。

工资收入对职工的激励作用，还取决于动机层次的高低，尤其是取决于一个人的成就动机。一般地说，低成就动机的员工比较容易为工资等物质激励所激动，而高层次动机的员工更关心的是他的工作岗位、环境能否提供心理满足。在这个前提下会出现两种情况：一种是如果工作岗位、环境和其心理需求相一致，则较少的工资也会接受；一种是如果工作岗位、环境无助于自我实现，他就会要求更高的工资待遇，来抵偿失去平衡的心理。所以，如果工作安排能使高成就动机的人感到在工作岗位、环境方面有更多的心理满足，他就会全力工作而不计较工资待遇；

而低成就动机的人，他们的工作积极性则随工资待遇的增加而增长，一旦因为某种原因取消或降低了工资待遇，工作积极性就会随着下降。

工资激励必须贯彻劳绩挂钩、奖勤罚懒的原则。工资水平与劳动成果挂钩，使升了级的人满足，升不了级的人服气。当然，工资激励在激发员工积极性方面的作用，还取决于该员工的经济背景。如果他已经拥有相当可观的存款和相当齐备的家庭设施，或是出生在相当富裕的家庭里，一般说，工资对他的激励作用不会很大。

### 2. 奖金激励

奖金是超额劳动的报酬，设立奖金是为了激励人们超额劳动的积极性。在发挥奖金激励作用的实际操作中，应注意以下三点：

（1）必须信守诺言，不能失信于职工。失信一次，会造成千百次重新激励的困难。

（2）不能搞平均主义。奖金激励一定要使工作表现最好的员工成为最满意的人，这样会使其他人明白奖金的实际意义。

（3）使奖金的增长与企业的发展紧密相连，让员工体会到，只有企业兴旺发达，才有自己奖金的不断提高，而员工的这种认识会收到同舟共济的效果。

### 3. 工作激励

工作激励主要指工作的丰富化。工作丰富化所以能起到激励作用，是因为它可以使员工的潜能得到更大的发挥。工作丰富化的主要形式有：

（1）在工作中扩展个人成就，增加表彰机会，加入更多必须负责任和具有挑战性的活动，提供个人晋升或成长的机会。

（2）让员工担负更加有趣而困难的工作，这可让员工在做好日常工作的同时，学做更难做的工作。可以鼓励员工上夜校去提高自己的技能，从而能胜任更重要的工作。做更困难的工作，给了他展示本领的机会，这会增强他的才能，使他成为一个有价值的员工。如果一位员工在工作中不断得到发展，那么他往往是一位奋发、愉快的员工，其创造力、聪明才智会得到充分发挥。

（3）给予真诚的表扬。当员工的工作完成得很出色时，要恰如其分地给予真诚的表扬，不要笼统地用"谢谢你作出了努力"这样的评语，而应具体、有针对性。"你管理你那帮人的方法真妙，我真不明白你怎么能让那帮人干得这么出色，接着好好干吧！"这将有助于满足员工受人尊重的需要，增加干好本职工作的自信心。

工作丰富化的目的，在于让人们对工作更感兴趣。最简单的做法是重新安排工作，使工作多样化。这可从两方面着手：一是垂直工作加重，二是水平工作加重。所谓垂直工作加重，主要指重新设计工作，给员工更多的自主权，更充实的责任感，更多的成就感。所谓水平工作加重，则是指将工作流程中的前后几个程序交给一个员工去完成，它可带给员工更多的工作成绩回馈，更完整的工作整体感，充实的责任感，和对自我工作能力的肯定。

工作丰富化的激励，是为了满足员工高层次的需求。高层次需求的满足，会使员工充分发挥内在潜力，从而提高工作效率，使企业和个人都能得到满足。工作丰富化满足的是员工高层次的需要，而员工的实际需要又不仅仅是高层次的，因而这种激励有明显的局限性，它不能解决企业中的全部问题。一般地说，只有在员工普遍感到现实的工作环境不能发挥自己能力时，才可有效地运用这一激励措施。

### 4. 支持激励

在企业的日常管理中，人们可以明显地感觉到，对一个员工来说："我指示你怎样做"与"我支持你怎样去做"，两者的效果是不同的。一个好的企业管理者，应善于启发员工自己出主意、想办法，善于支持员工的创造性建议，善于集中员工的智慧，把员工头脑中蕴藏的聪明才智挖掘出来，使人人开动脑筋，勇于创造。

（1）尊重下属。人人都有受人尊敬的需要。尊重下属，不仅表现在充分肯定其才能和待之以礼方面，关键在于尊重其意见，采纳其建议，使员工感到他们远远不只是轮子上的一个轮齿，这有助于增强他们的自信心。

（2）爱护下属。要爱护下属的进取精神和独特见解，爱护他们的积极性和创造性。

（3）创造一种宽松的环境。比如信任员工，让他们参与管理。没有什么能比参与作出一项决定，更有助于满足人们对社交和受人尊重的需要。因此，出色的管理者，应让员工参与制定目标和标准，这样他们会更加努力工作，发挥出最大潜能。

### 5. 关怀激励

得到关心和爱护，是人的精神需要。它可沟通人们的心灵，增进人们的感情，激励人们奋发向上，挖掘人们的潜力。作为一个企业管理者，对全体员工应关怀备至，创造一个和睦、友爱、温馨的环境。员工生活在团结友爱的集体里，相互关心、理解、尊重，会产生兴奋、愉快的感情，有利于开展工作。相反，如果员工生活在冷漠的环境里，就会产生孤独感和压抑感，情绪会低沉，积极性会受挫。

### 6. 竞争激励

人们总有一种在竞争中成为优胜者的心理。组织各种形式的竞争比赛，可以激发人们的热情。比如，各技术工种之间的操作表演赛，各种考察职工个人的技能、智能、专长的比赛，以及围绕员工的学习、工作等开展的各项竞争比赛。这些竞争比赛，对员工个体的发展有较大的激励作用，表现在两方面：

（1）能充分调动员工个体的积极性，克服依赖心理。由于竞争以个体为单位，胜负完全取决于自己的努力和聪明才智，没有产生依赖心理的条件，因此，能激励员工个人更加努力。

（2）能充分发挥员工个体的聪明才智，促使员工个体充分发展。员工在竞争过程中，要完成各种任务，克服各种困难，这就促使他们努力学习、思考，千方百计地去提高和完善自己。

### 7. 强化激励

强化包括正强化和负强化两种方式。对于人们的某种行为给予肯定和奖赏，使这个行为巩固与保持，这叫正强化。对员工正确的行为，有成绩的工作，就应给予表扬和奖励，表扬与奖励就是正强化。相反，对一些行为给予否定和惩罚，使它减弱、消退，这叫负强化。

强化激励，可归纳为如下 64 字口诀；

奖罚有据，力戒平均。目标明确，小步渐进。标准合理，奖惩适量。投其所好，有的放矢。混合运用，奖励为主。趁热打铁，反馈及时。一视同仁，公允不偏。言而有信，诺比金子。

## 如何调动员工的积极性

### 1. 让 3 个人做 5 个人的事

最合理的管理是，3 个人做 5 个人的事，领 4 个人的薪水。这是一道最简单的数学题，连小学生都能告诉你正确答案。但这又并不简单：什么样的 3 个人才能做 5 个人的事？什么样的 5 个人做的事 3 个人就能完成？这 3 个人领的又是什么样的 4 个人的薪水？其中大有学问在。

一般的企业总是 5 个人做 5 个人的事，大家的工作分量不是很重，领的薪水也合乎所求，员工做起事来没什么精神；而管理差一点的企业，5 个人做 3 个人的事，领的却是 4 个人的薪水，一方面造成公司的损失，另一方面员工也会因为同样是上 8 小时的班，领的薪水少而不开心。

所以，如能仔细地规划，将工作分类，职责细分，让 3 个人能够做 5 个人的事，那么公司即使发 4 个人的薪水也划算得多，员工领的薪水多，也有激励作用。

### 2. 激发员工的兴奋点

赢得员工合作的最佳方式之一，是为他们指明一个奋斗的目标和方向。如你能为人们激发一个兴奋点，他们将死心塌地追随你。下面就是一个在极端困难的状况下，如何激发人们的事例。

在世纪 30 年代，美国一个比较小的宗教组织（到 1977 年它拥有 21600 名教徒），通过在密苏里州建总部大楼，为信徒激起了一个兴奋点。他们把它叫作"礼堂"，它可容纳数千人，全由信徒捐款建成，而那时美国经济正处于大萧条的谷底。

但是，"礼堂"建好后，教派就衰落了。如今，它甚至不能保持自己的自然增长率。为何会这样呢？因为"礼堂"一建成，人们的兴奋点也消失了，他们不再有一个可见的目标去追求，教派领导人没能为追随者建立一个新的可实现的兴奋点。叙述这个非商业的激发起兴奋点的例子，是出于两个原因。首先，在你激发的第一个兴奋点的目标已达到后，你必须立即激发起另一个新的兴奋点。其次，目标应是像"礼堂"一样可看得见的。无形的目标太抽象和不明确，普通的成员都会视而不见。

### 3. 工资低会影响干劲，但工资高未必会提高干劲

许多领导者认为只要提高工资，员工就会认真工作，就会有干劲，受到激励。其实，并没有这么简单。

一位社会学家指出，使人产生干劲的是促进的因素与保障的因素。前者有促进作用，令人提高工作成绩；后者虽然发挥不了直接作用，但它可以维持工作士气和效率，保证促进因素更易发挥作用。两者是地基和房屋的关系，具有这两种因素房屋才稳定，只有地基或者房屋是没有用的。

保障因素是地基，它包括工资、雇用保障、工作条件等。如这些条件差，员工的欲望就会急剧下降。寄希望于待遇提高后员工努力工作，结果并不一定很好。好不容易将工资提高了，建立了完善的宿舍，工作

条件大为改善，但员工干劲仍提不起来，哀叹这种情形的领导者委实不少。因为仅有保障因素而缺乏促进因素仍发挥不了作用。

因为保障因素只是房屋的地基，上面必须要有房屋，这种房屋即是促进因素。

由此可以下结论：工资低会影响干劲，但提高工资未必会提高干劲。也可以说，保障因素具备时，促进因素会起作用，做有内容的工作，完成某项工作，使自己成长等因素都会引发干劲。

### 4. 六分表扬四分批评

要切实履行一个领导者应有的职责，工作成绩好就表扬，不好就批评。要做到该表扬的大胆当面亲口表扬，该批评的明确给予批评，因为它表明了一个领导对部下行为的评价尺度。假若部下干得出色，而领导无动于衷，干得不好领导也毫无反应，那么，这种麻木不仁的领导是无法带领部下奔向成功之路的。只有当领导的对部下的所作所为做出明确反应，一个单位才能够有一个蓬勃向上的局面。

至于表扬与批评的比例问题，似乎表扬稍多点为好。如果批评分量过大，很可能导致消极空气蔓延；而一味表扬，部下则会产生娇气，有时甚至会产生误解，认为领导在给戴高帽。用吹捧的方法来满足大家的虚荣心，久而久之也会引起反感。

一般认为六分表扬、四分批评效果会更好些。当然，这还要看一个单位问题的多少，大家的成熟度如何，但是表扬多于批评不失为一条较理想的原则。

5. "告一段落" 之时，与部下共同庆贺成功

当工作告一段落时，如何充分利用新的工作开始之前的时间激励士气，是做好领导者的一门学问。

每当完成一项计划或工作时，一定要召开总结会，交流成功的经验，提出应该注意的问题。与部下共庆成功，相互激励，这是不可或缺的。这样做不仅是为了让部下把下次工作搞得更加出色，而且通过相互交流，可以进一步强化同甘共苦的一体感，将成功的喜悦转化成新工作的积极性。

不但应在单位的工作告一段落时辅以激励，对个人的工作也是同样。例如当委托一名部下去做某项工作时，或在他向未曾尝试过的工作挑战告一段落时，作为一名领导，应和部下单独谈一次，该表扬的表扬，以增强其迎接下一个挑战的信心。

要使部下充满信心，充分利用好一项工作刚刚结束，人们正要喘口气时这个时机很关键。因为只有这时，才能使一个领导者同部下共同分享成功的喜悦，完成一项工作的满足感，从而可以进一步加强自己同部下之间的信赖关系。

6. 反对者的意见才是珍贵的

一位著名的心理学家对多数与少数意见做过有趣的实验。他选出 8 名大学生做实验。先给大家看长短不同的三根线，再给他们看一根线，问他们这一根线与三根线的哪根线同样长？8 人之中 7 位事前商量好了一致答错误的答案，另一位却没有让他参加事前的协调。大学生们一个接一个地发言："我认为与这根线一样长。"而让未参与协调的那位最后

发言。前 7 个人都照事前讲好的错误答案发言。连续 18 次不同的实验表明；未参与协调的学生有 12 次跟其他 7 个人的错误答案相同或近似。

既然反对多数派意见，按自己的观点提出正确答案的次数只占 25％，那么，要抵抗多数派，少数派最少要有两名。容易影响人的并不是"什么是正确的"，而是"什么是多数的"。

### 7. 对部属要做温暖的太阳，而不是做寒冷的北风

在伊索寓言中有这样一则故事：太阳和北风打赌，看谁能先让行人把大衣脱去。于是太阳用它温暖的光轻而易举地使人们脱下大衣；而北风使劲地吹，反而使行人的大衣裹得更紧。

太阳与北风的故事，向我们昭示了这样一个道理：对部属要像太阳那样，用温暖去感化他们，使他们自觉地敞开心扉；如果像北风那样使劲地吹，一味地强制逼压，反而会使他们始终对老板心存戒备。

人与人之间需要以诚相待，老板与部属之间也需要心与心的交流。要了解一个人的心，并不是仅凭读几本心理学教科书就能做到的。学习心理学固然有必要，但那些毕竟只是些表面文章，人们只能从中借鉴一些与人相处的方法。拿着心理学教科书去与人打交道，无论你把对方的心理分析得多么透彻，对方也绝不会向你敞开心扉。你也许会问长问短，甚至不惜逢迎。但在对方看来，这一切不过是虚情假意，你们之间始终隔着一堵无形的、无法逾越的墙。

要做一个好老板，就要有一个宽广的胸怀。人与人相处，总要有一方先敞开胸怀，诚心诚意的接纳他人。如果彼此间等待对方有所表示，那么别指望会有互相理解、彼此合作的那一天了。老板与部属之间要想

保持良好的关系，老板就应去做先打开胸襟的人，主动向部属表示友好，用自己的诚意去换取部属的真诚。

### 8. 舍得花时间指导下属

对很多老板来说，放弃通过亲自做工作而获得满足感是很困难的事。但是一个好经理主要不应该是自己会做什么，而应该是让众多部属都会做。一些老板往往借口教部属做不如自己亲手做来得快而放弃对部属的培养，这样做只会把你降低到普通员工的地位，而使你不能承担更大更多的责任。这是得不偿失的，一定要注意克服。

### 9. 让部下参与决策可以激发他们的积极性

经常发牢骚的人，当他刚加入组织时，不仅不发牢骚，并且会突然振作起来，很热心地照计划去做。如计划是别人制定的，只让他来实施的话，就很容易使他产生脱离组织的意识。如果不仅让其去实施，并让其参与计划制定，就能激发其热情，提高生产效率。

一些专家的实验证明，参与计划的一方比不参与的一方，其生产效益和工作满足感较高。如果自己一个人制定计划，而把部下视为手脚来使唤，虽然乍看效果不错，然而事实上却并非如此。至少，在计划的完成阶段，使部下参与计划比较好。因为人是比较喜欢加入伙伴之中，而不喜欢脱离伙伴的。

### 10. 上司决定"大纲"后，把撰写细节的任务委托给部下

当部下的训练达到一定水平时，上司如果决定文章的大纲的话，就可把细节草拟委托给部下。这也许大家都知道，但事实上，只注意细节

以至忘了大纲的上司很多。如果条件许可的话，上司关心一下细节也未尝不可，但上司的任务毕竟是提出大纲。只是一味注意细节，会使部下沮丧。

### 11. 成为台风眼，掀起一种气势

台风的中心通常称为台风眼，台风以台风眼为中心疾速旋转向前，席卷着一切。这是一种巨大的综合能量在发生作用。

调动职员干劲，加强动机诱导，建立充满活力的环境，实际上就是一种气势。要造成这种气势，领导者得先使自己成为核心全速运转，以此带动大家，形成巨大的能量。这种方法并不难掌握，即使新担任领导工作的人也能做到。人在年轻时，精力充沛，如果说其他经验还不具备的话，那么，应该具备这种"能"，而且要充分利用自己的这种财产。

首先，早晨上班比其他人早一点为好。当看到有人来了，要大声问候"早上好"。工作时要精神饱满，干脆利落。在努力做好一项工作的同时，也要考虑下段时间要做的工作，从而使工作不间断地进行；时间空余时，主动同部下打声招呼：问问"怎么样"，听听他们的意见，并到其他部门走走、转转。就要这样分秒不停地全速运转，这是岁月赋予每个年轻人的特权，等到上了年纪就会感到心有余而力不足了。

### 12. 根据需要的层次理论来管理你的下属

美国著名心理学家马斯洛的需要层次论，从某一角度用科学且系统的方法，对激励因素加以整理。根据他的观点，人的动机是有一定顺序的一种欲望体系。其最低层是"生理的需要"。当这一需要受到威胁时，它会显得比其他需要更强烈。例如，饥饿者心中只想食物。

当生理需要获得满足时，会产生更高一层的"安全需要"。这是眼前受到危险寻求保护自己的需要。上面两种需要获得某种程度满足时，"社会性的需要"就会受重视。想交际，想要别人尊重，寻求友爱的欲望就会愈高。

第四层次是"自我实现的需要"。这是希望发挥自己的潜能，使自己不断成长的需要，需要层次越高，低层需要的重要性会随之降低。但如果上层需要得不到满足，就会退而求其次。人是有欲望的动物，谁都有未获满足的需要。所以，重要的是发现企业内人的需要，究竟在什么层次上，并针对这种需要提出对策。

要使高层次需要者获得满足，必须有能使"自我需要"与"自我实现需要"的满足的策略。许多公司采用"目标管理制度"，因为它是满足追求高层次需要人员的最佳管理制度。

## 同下属共享荣誉与责任

一位著名的美国橄榄球教练保罗·贝尔·布列安谈到他的球队如何建立团队精神时说："如果有什么事办糟了，那一定是我做的。如果有什么事差强人意，那是我们一起做的。如果有什么事做得很好，那一定是你做的，这就是使人为你赢得比赛胜利的所有秘诀。"

在企业中，主管也要有这种和员工共享荣誉的精神和敢于为部属承担责任的勇气。主管被授权经营管理，无论获得成功还是遭到失败都负有不可推卸的责任。即使是员工的失误，也有你失察、指挥不当、培训不够的责任。荣誉对你当之无愧，但通往荣誉的路途仍离不开团队的协作、配合。所以这是你应该做到的。

先说共享荣誉，主管获得各种荣誉后，如果不"贪污"，以各种形式让部属分享荣誉及荣誉带来的喜悦，会使部属得到实现自身价值和受到领导器重的满足，这种满足在以后工作中会释放出更大的能量，也无形中冲淡了人们普遍存在地对受表彰者的嫉妒心理，例如不少主管拿到上级发给的奖金后，请贡献大的中层干部、骨干员工到饭店"撮"一顿，实际上也是共享荣誉。这是物质的，更多的是精神的。一位获得上级表扬的厂长在全厂大会上讲话，他不是泛泛地说"成绩归于大家"的套话，而是颇有感情地把所有在工作中有突出贡献的员工的事迹一件件列举出来，连一位员工未歇完婚假就上班的年轻员工都提到了。最后他说，这个荣誉是全厂员工的，没有大家的努力，就没有今天，我向大家表示深深的谢意。他一边讲一边向大家鞠躬，然后又提议全体高唱《十五的月亮》，当唱到"军功章上有我的一半，也有你的一半"时，厂长的眼睛湿润了，大家的眼睛也湿润了。可以肯定地说，厂长的话已经起到了巨大的激励作用。试想，如果他将光环紧紧罩在自己头上，将一切成绩归为己有，那不但容易树立对立面，而且也会失去员工继续努力的积极性。

## 怎样使用激将法

在一定的条件和环境下，当有些人的自尊心由于遭受挫折、犯了错误因而缺乏信心时，为了使之接受上司的意图或意见，而用语言故意贬低他、刺激他，从而激发起他强烈的自尊心。这即是激将法。

常言说："请将不如激将"。在人才的运用中，如能够使用巧言激将法，将会收到意想不到的效果。

巧言激将，一定要注意区分对象，根据性格特征因人施法，犹如对症下药，方能于病有益。否则，只会白费唇舌、枉费心机。巧言激将还要看准时机。出言过早，时机不成熟，易使人泄气；出言过迟，又成了"马后炮"。除注意把握时机外，还要注意分寸，运用激将法，不痛不痒的语言犹如隔靴搔痒；但言语过于尖刻，也会使人反感。因而，语言激将要灵活运用。这里介绍几种用法：

直激法：就是面对面直截了当地来刺激对方，羞辱他、激怒他，以使他的自尊心激发起来。

某厂改革用人制度时，对中层干部实行毛遂自荐。能力技术俱佳的技术员小张乃众望所归。然而，不知何故小张迟疑难决。在厂领导的暗示下，一位老工人找到他，言辞激烈，"小张，你不也是一位大学的高才生吗？大家都对你寄予厚望，没想到你这么没出息，连个车间主任的位子都不敢接，真是窝囊废！"

"我是窝囊废？"小张腾地站起来，说："我的大学白上了，连个车间主任也当不了么！"说完就激情满怀地走进厂领导的办公室。

暗激法：有意识地褒扬第三者，暗中贬低对方，运用人们争强好胜的心，激起他压倒别人、超过别人的强烈愿望。

三国时，诸葛亮为了联吴抗曹来到江东，他深知孙权不甘居人之下，轻易不服人的脾性。诸葛亮明知曹军有一百五十万，却对孙权说曹兵一百万，兵多势大，所向披靡。孙权对曹军人数表示怀疑。诸葛亮说："我只讲一百万，怕吓坏你们江东的人呀。"孙权中计，忙问："那我是战，还是不战？"诸葛亮乘机说："如果东吴人力、物力能与曹操对抗，那就战；如自觉不敌，那就投降！"

孙权不服，反问道："依你之言，刘豫州缘何不降呢？"

此话正在诸葛亮预料之中，于是进一步激他说："田横乃齐国一壮士，尚能坚守气节，何况刘豫州乃皇室之后，盖世英才，众望所归如百川入海，岂能屈膝投降、屈于他人旗下呢？"

孙权被激得勃然大怒，发誓要与曹军决一死战。

此中的巧妙之处，在于旁敲侧击，刺中对方不甘落后于他人的自尊心，使他萌发一种非要超过第三者，以胜利者的姿态昂然屹立的念头。

导激法：面对不同的被激对象，有时简单的否定、贬低收效甚微，还需要"激中有导"，用明确的或诱导性的语言，把对方的热情激发起来。

例如：某校有一差生爱打架。一次，他打了一位同学还自诩为英雄。老师批评他说："打架算什么英雄，学习超过他，那才是真正的英雄。"那个学生从此发愤学习，在后来的期末考试中果然取得了可喜成绩。

作为一个公司老板，倘若在言谈中使下属心服口服，必然能在日常工作中达到彼此融和，上下一心，产生良好的效益。

以言谈俘虏对方靠的是聪明才智和日常生活经验的积累。主要方法有以下两个：

一个方法是强调责任：面对对手，如能强调其能力，这就满足了人起码的自尊心，就可轻易"俘虏"他，因为任何人都希望获得别人的信赖和尊敬。即使明知是奉承话，也乐于接受。自我感觉越好的人，越有这种倾向。

日本有一老板想派他的一名下属去边远的地方主持业务。他是这样说的："那里的业务已乱如一团麻，整个企业都已受到影响，如不及时整顿，必将一败到底。因而我首先考虑到了你，相信只有你才能力挽狂澜，起死回生，使那里的业务蒸蒸日上。"

这位职员被派驻边远地区，心中原本不悦，但听到领导如此信任自己，赋以如此重任，顿时有一股激情自心中腾起，没有理由不去好好干他一番。

另一个方法是笼络感情：当提出的一些问题或条件不利于对方，判断对方听了会感到难受时，就要考虑去说动他的心。此时，处理这一问题的最好办法就是笼络感情。在开始谈话之前，尽量抢先占领对方的感情空间。譬如在谈正题前可以这样说："当然，我明知你会不满意，还是要说……"，"可能你听了会不愉快"……

只要说出上面类似的话，对方就能消除大半的不快，对你的怨言也会烟消云散，这样，水到渠成地就把对方牢牢地笼络在你的麾下。

## 工作激励，以人为本

### 1. 如何让工作给工人以最大的激励

根据以人为中心的考虑设计工作，多数工作的最初设计是根据工作过程强行制定的，就是说，这种做法强调的是以下原则：（1）产品的具体化。（2）工具和机器的要求。（3）流水生产的顺序。（4）计算机协助的控制。（5）工作场所的设计。只有通过按顺序重新设计才会使大部分工作让工人感到更加满意和方便。

在20世纪初期，福兰克和利宁·格尔布莱斯就提出以人为中心的工作设计。后来，这种技艺通过机械设备利用学或生命机器学的原理被系统化。在如今的办公环境中，随着自动化程度的提高和计算机的使用，人类工程学——一种研究工人和工作环境的科学——成为保证工人健康和理想工作效率的主要方法。

现今多数工作设计认为工人的心理调节的需求像生理需求一样必需，这就是基层主管值得重视的地方。

### 2. 以人为中心的工作设计和以工作过程为中心的工作计划有何不同

前者设法使员工最大程度参与到每个人的工作设计中来，它并不忽视生产过程。相反，它鼓励员工在解决问题时也可以提出要求和条件。根据参与方式的不同，采用的方法就有许多名称：工作鼓励、工作充实和工作设计，或有时叫工作再设计。最大的不同之处是以人为中心的工作设计强调员工的真正参与，无论是个体还是群体，要使工作更有效并更有吸引力。

对基层主管来说，以人为中心设计的好处是它将每个人的注意力都集中在工作本身。基层主管不必在寻求员工合作时兼任心理专家或特殊领导。检查、批评和重做的是工作，而不是人，这些改变的责任不再仅仅是管理人员个人的事，所有那些能够或希望能够参与其中的员工都有这种责任。

### 3. 哪些工作设计因素最有可能提高对员工的激励

两位来自 AT & ·T（在那儿有 3 万多员工参与设计）的权威 H·威斯顿·卡那客和理查德·O·彼特森提出六种重要因素，当用于工作时，这些因素或范畴有助于符合组织要求，并因此提高生产效率以达到部门或组织的目标。这些因素包括：

一个从头至尾的完整的工作过程。这种职能的完整性可帮助员工看到工作完成时所产出的具体产品和效益。显然一个汽车厂的工人不可能制造一整部车子，但是如果能够让他亲眼看到自己制作的零件被装在了车子的某一位置，这对他将是极大的鼓舞。

使用者和代理商保持定期联系。让员工与使用者（部门、地区办公室或顾客）保持直接且稳固的联系，可以强化员工作为人而不是机器上一颗不知名的齿轮的个人意识。

自主的自由。重要的是它给员工的工作提供选择机会。例如：在美国堪萨斯一家食品制造厂，由7至14人组成的班子可以决定怎样去分配工作，筛选和选择新员工并且开除那些不合格的员工。

自我发现的机会。要求员工动脑筋并发挥技能的工作会使他们感到对公司和对自己都有价值。它能使员工和公司同时得到满足。

4. 各种以人为中心的工作设计应该有所区别吗？

不必，但对增加完成工作设计的可能性有利。

例如，通过增加同一水平的专业知识的不同工作来扩充工作量。IBM 最先尝试，具体含义是让从事制造的员工对他们所从事工种的前后的生产步骤负责。因而打孔的操作员可能塞满自己的零件箱并且将那些已打孔的部分用于下一个工序。它为离开固定不变的工作场所创造机会，并且为与之相关的操作员互相交流提供机会。

工作充实是工作扩充概念的一个分支。它通过增加较高技能的活动和授予更大的权限来扩充工作。例如，打孔员可以根据每项工作对冲模的不同要求使用不同的冲压机，用通常由巡回检查员采用的估量方法来检查自己的工作，并保留自己工作成绩的记录。

目标定向管理是 M·斯卡特·麦尔兹在达拉斯得克萨斯仪器公司工作时提出来的。它强调管理人员把"我是必须考虑每件事件的老板"的想法转变为"这些是我们必须一起达到的目标"。在麦尔兹系统下，基层主管只在必要时进行领导（或"帮助"）和控制；员工负责制定计划并完成工作。相反，权威定向型主管负责计划、领导和控制，而实际操作人员对怎样去完成工作没有一点儿发言权。

### 5. 工作设计的最大好处是什么

对一个公司或组织来说，工作设计的好处在于每个员工的更大产出、生产和服务质量的提高以及通常是重要的低缺勤率、低返工率和员工的更加合作。

对员工来说，工作设计无疑增加了工作对他们的吸引力。专家说它提高了工作本身的质量。它提供更大的自由度和灵活性，同时也使工作更富有挑战性。工作设计比传统僵死的模式更多地利用了员工的技巧而使工作更有成效。

## 会场上调动下属情绪的妙法

作为一个领导，能否在会场上把下属的情绪调动起来，在很大程度上体现了他用人能力的高下。在会场上调动下属的情绪。是必须的，因为只有一个有活力的会议方能够真正做到思想沟通，才能真正发现问题，解决问题。否则的话，很难彼此说出真心话，开会就起不到任何的作用。尤其是某些定期会议，若缺乏热烈情绪，会议只能流于一种形式。

那么如何在会议中提高下属的情绪，避免会议形式化呢？请你参考专家们的以下几点意见：

首先要对下属开诚布公，鼓励其随便说，说心里话，反面的意见更好，不要使发言流于形式。不要让他们有以条条框框加以解释来当作报告，也不要他们只报告成绩，而不提到问题或意见，要鼓励下属不打草稿，不做事前准备，心里怎么想就怎么说。

其次，要敢于批评下属避重就轻，不敢正视问题的报告方式，尽可以给他们当面指出来，比如说你听到了"很顺利"，"没有问题"，"没有值得报告的地方"等字眼时就应该给予当面的指责，要搞清楚，他们是由于真没发现问题，还是心里有话不敢说。要敢于说一些刺激他们的话，如"发现不了问题，就说明对工作不负责，不努力"等之类，以此调动他们说心里话。

如果听到了下属有"这件事，我还要请示上司"之类的转嫁责任的话，你就该当场向他问明白：

"那你的看法呢？"

"你认为这件事该如何处理？"

以这样的方式去鼓励他们说，便会增强他们的责任感，同时也会调动你许多下属的会场情绪。

另外，还要注意，每一次会议都要有一个圆满的结果才好，最好准备好时间，定下了会议的结论再结束会议，千万不要把这次会议的结论放在下次做，这样实在太吊人的胃口。如果一个会议结束了而没有结论，那等于半途而废。你的下属甚至因此而对于你做事情的能力产生疑问。

可以这样说，会议是工作的一面镜子。每一次会议，我们都应该立足现实，向前辈要经验，向晚辈要意见。做领导的，在把经验和意见传给你下属的同时，也会从你下属身上获得不少信息，既了解了他的性格又提出改进的要求。要知道，这些，对于一个领导是至关重要的。有些领导感到调兵遣将摸不着方向，就是因为他们对下属了解的深度不够。

总之，在会场上，把下属的情绪调动起来，是至关重要的，一次又一次成功的会议，必会大大加快你成功和辉煌的步伐。

## 激励下属的责任心和积极性

有时候，做领导的可能会遇到一些大伤脑筋的事情，领导的命令传下去，下属不认真执行或相互推诿责任，遇到这种情况，该怎么办？遇到这种情况，领导应该尽力让下属意识到他是企业的主人。企业的兴衰与他的生活福利、工资待遇息息相关，职工一旦认识到自己是公司的主人，自己有责任尽力把公司搞好，他们的责任心和积极性就会大大提高，工作效率也会随之增长；多开展各类有益的活动，在活动中，使职工的主人公意识逐步得以加强；另外，领导自身还要多修炼自己，力求做到平易近人，体贴下属，让下属把领导当作知心朋友，这样下属才会有和你风雨同舟、兴衰与共的决心。领导自身就好比圆的圆心，如果这个圆心产生一种较强的向心力，那么下属就会由于向心力的作用围绕圆心作圆周运动，就不会轻易脱离自己的轨道。

不过，有的部下责任心较强，但主动性不足，这些职员，凡是领导吩咐的，一定认真去办，而且干得非常出色，但领导没有吩咐到的即便是举手之劳，也决不多干一点。似乎非常"听话"。这种下属，属于墨守成规，思想不开窍，心胸不开阔的那一种。这种人工作缺乏主动性，喂一口吃一口，自己不懂得伸手去拿。对于这样的下属，领导应想法激发他们的积极性。

　　为此，领导应多肯定和称赞他们的优点和成绩，"我吩咐的工作你完成得非常出色，你为咱们公司作了不少贡献"，然后再进行"点拨"和引导，"你做事稳妥可靠，如能再主动些，会干得更好，更出色的"。所谓，"油灯不拨不亮"，领导这么一"拨"，下属头脑就开窍了。在以后的工作中，他定会积极主动，全力以赴了。

**合成智慧：团结是成功之本**

## 团结就是力量

合作是所有组合式努力的开始。一群人为了达成某一特定目标，而把他们自己联合在一起。拿破仑·希尔把这种合作称之为"团结努力"。

"团结努力"的过程中最重要的三项因素是：专心、合作、协调。

如果一家法律事务所只拥有一种类型的思想，那么，它的发展将受到很大限制，即使它拥有十几名能力高强的人才，也是一样。错综复杂的法律制度，需要各种不同的才能，这不是单独一个人所能提供的。

因此，只是把人组织起来，并不足以保证一定能获得创业的成功。一个良好的组织所包含的人才中，每一个人都要能够提供这个团体其他成员所未拥有的才能。

几乎在所有的商业范围内，至少需要以下三种人才，那就是采购员、销售员以及熟悉财务的人员。当这三种人互相协调，并进行合作之后，他们将经由合作的方式，而使他们自己获得个人所无法拥有的力量。

许多商业之所以失败，主要是因为这些商业拥有的，清一色是销售人才，或是财务人才，或是采购人才。就天性来说，能力最强的销售人员都是乐观、热情的；而一般来说，最有能力的财务人员则理智、深思熟虑而且保守。这两种人是任何成功企业所不可缺少的。但这两种人若未能彼此互相发挥影响力，对任何企业，都不会发挥太大的作用。

即使你是"天才"，凭借自己的想象力，也许可以获得一定的财富。但如果你懂得让自己的想象力与他人的想象力结合，就定然会产生更大的成就。我们每个人的心智"都是一个独立的"能量体，而我们的潜意识则是一种磁体，当你去行动时，你的磁力就产生了，并将财富吸引过来。但如果你一个人的心灵力量，与更多"磁力"相同的人结合在一起，就可以形成一个强大的"磁力场"，而这个磁力场的创造力量将会是无与伦比的。

在生活中，大家也许会有这样的机会：假如你有一个苹果，我也有一个苹果，两人交换的结果每人仍然只有一个苹果，但是，假如你有一个设想，我有一个设想，两人交换的结果就可能是各得两个设想了。

同理，当独自研究一个问题时，可能思考 10 次，而这 10 次思考几乎都是沿着同一思维模式进行。如果拿到集体中去研究，从他人的发言中，也许一次就完成了自己一人需要 10 次才能完成的思考，并且他人的想法还会使自己产生新的联想。一加一大于二是个富有哲理的不等式，它表明集体的力量并不是单个人累加之和。

经营者要善于激发集体的智慧和力量，而不是随意扼杀它们。

这种集思广益的思维方法在当代社会已被普遍应用，它能填补个人头脑中的知识空隙，和通过互相激励、互相诱发，产生连锁反应，扩大和增多创造性设想。一些欧美财团采用群体思考法提高的方案数量，比单人提出的方案多 70％。

可见，一个好的创意的产生与实施，创业者光靠自身的力量和努力是不够的，必须集思广益，必须在自己周围聚拢起一批专家，让他们各显其能，各尽其才，充分发挥他们的创造性作用。

如果没有其他人的协助与合作，任何人都无法取得持久性的成就。当两个或两个以上的人在任何方面把他们自己联合起来，建立在和谐与谅解的精神上之后，这联盟中的每一个人将因此倍增他们的成就能力。

这项原则表现得最为明显的，应该是在老板与雇员之间保持完美团队精神的工商企业。在你发现有这种团队精神的地方，你将会发现双方面都友善，企业自然繁荣。

Cooperation（合作），被认为是英文中最重要的一个单词。在家庭事务中，在夫妻之间的关系中，在父母与子女关系中，"合作"这个词，扮演了一个极重要的角色。由于这个合作的原则十分重要，因此，任何一位创业者如果不从领导才能中了解及运用这项原则，他将无法坚持及持久。

因为缺乏合作精神而失败的工商企业，比因为其他综合原因而失败的更多。各色各样的工商企业因为冲突及缺乏合作原则而告失败甚至毁灭。研究各国历史，不难发现缺乏合作精神一直是各时代人类的一大灾祸。为了更好地创业，使之走向成功和辉煌，良好有机的合作不可须臾或缺。

### 培养团队敬业精神

要使团队比传统的工作小组运作得更有效就要让每个成员全身心投

入团体及其工作当中。团队成员必须对任务抱有信念，并且能一起努力去完成。他们还必须专注于整个团队极其成功，而不仅仅是某段时间里自己负责的一小部分工作。如果成员们对任务及团队整体并不专注，他们就不可能组成一个真正的团队。而仍旧是一个工作上多少有些联系的个人的集合而已。

对团队敬业精神的培养，需要很长的时间，但你可以按下列步骤逐步着手来做这件事情：

如果你想拥有一个高效的团队，就绝不能让团队成员只关注自己个人的工作。应该帮助他们把主要精力放在团队的整体任务上。因此，你所布置的任务必须明确。所有的成员都必须理解团队的任务，并且，他们的理解基本上是一致的。"使顾客满意"相对来说比较明确，而"生产高质量的产品"就并不那么清楚了。

要使团队成员能够全身心投入一项工作中去，就必须使他们相信为这项工作花费时间和精力是值得的。为"客户提供高质量的产品"相对来说值得去做；而"在上级规定的期限内完成工作"则有些勉强了。同时，要让团队成员感到，这是一项现在就必须去做的工作，而不能等到别的什么更重要的工作完成后再动手。"及时设计好样品，以满足客户需要"相对来说比较紧迫，而"写一份产品销售数量的报告"就并不是一项紧迫的任务。

确保团队中每个人都知道整体的任务是什么。在传统工作群体中，每个员工只知道自己分内的工作。他们可能根本不知道自己的工作在完成整体的任务中有什么作用。团队不能这样运作，每个团队成员都应知道整体的任务。假使你的团队负责为公司编写简报，这些简报，有的是定期发行的，有的则是为满足特定的管理需求而不定期发行的，你的手下有编辑、作者、制图，还有发行的专业人员，你可以这样描述基本的任务："在预算范围内，遵守承诺，把高质量的简报送到客户手中"。关注整体的任务会带来莫大的利益，对于一个团队，这是最基本的要求。

一旦大家都明确了整体的任务，就要确保每个人都全神贯注地致力于完成整体的任务。在实际工作中，这意味着有时员工们为了整个团队的利益，要对自己的工作作出牺牲。这样，大家齐心协力，使任务顺利完成。

## 如何组织好一个团队

在一个单位里，一个好管理者，要能把各种各样的人，安排在适合于每个人才能的组织模式里，发挥集体功能，这种工作就是组织。通过组织工作，使计划得到实现。所以，如果计划和目标发生了变化，组织机构也应相应地变化。组织工作包括的内容有：

（1）目标和任务的分析。分析并弄清每个组织的目标和任务。

（2）职务分析，弄清各个职位承担的工作内容，在此基础上制定职务说明书。职务说明书中记明工作的内容、范围、受谁的监督或领导，需要具有的知识和技能等等。

（3）确立机构，画出组织图。

（4）正确地选用人才。在商议人事问题的时候，往往能够听到：他已经在本企业认真工作很久了，需要提升车间主任啦，或者提任科长啦等这样的说法。这种说法，就是一种"因人设事"想法的反映。组织工作需要的恰恰相反，需要因事设职（机构），因职择人，根据职务的需要选择称职的人才。因此在给每一个单位组织配备人员组合的时候，需要注意：

①不要过分偏重于年龄和学历；

②给每个部门都要配备一个有领导能力的人；

③把性格不同的人安排在一起，以便长短互补；

④不要把私人利害关系极端一致的人或者显著相反的人安排在同一领导之下；

⑤避免让惯于旧习的人去领导新的组织和改进了的组织。

（5）合理授权。即把完成工作所必需的权限授予管理者和工人。授权一要确定授权的工作范围，二要用书面方式写出来，三要授权后仍要有适当的控制。四要能使每个属员有晋升的希望，以激励整体士气，五是不可授予零星而不完整的职权。

除此之外，有效的组织还取决于互相协作，即公司内部各个单位组织的内部和各单位组织之间必须做到互相谅解与合作。管理者的任务就是要在组织内部创造和保持这种心理上的气氛——互相谅解和合作。也就是说，要设计和维护一种环境，使处身其间的人们能在组织内一道工作，以求有效地完成组织的目标和任务，所以组织工作的重要目标就是要在每个成员的心中燃起一股因为身处这个组织中的自豪感，激起一种愿望，愿意和其他人密切协作，共同为组织作贡献。那么如何组织呢？有三项规则：

（1）要有健全的组织结构体系即组织形态。

（2）要适当授权。

（3）要建立良好工作关系。

后两项前面有所论述，主要谈组织结构体系。组织结构体系是组织的具体部分，模式建立的好坏，影响组织功能发挥的好坏，是新经理必须优先考虑的。以下是一个完善的组织结构体系所需具备的要件。

**（1）要根据目标来组织**

目标是组织的根本凭借，离开目标的组织将是不切实际的组织，应以长期计划产销预算等重要因素的预测作目标，来进行组织。

**（2）要参照有关条件来组织**

基于人与事密切配合的前提，通盘考虑其有关条件，凌乱的整理出头绪，复杂的要找出要点，参照所有关联条件来组织。

**（3）要维持适当的控制幅度**

对于组织纵的层次与横的有关安排，必须周密考虑，一方面要能维持适当的控制幅度，一方面又需避免不必要增加的管理阶层的层次，以发挥组织的高度功能。

**（4）要使每个部属只对一个上司负责**

在每个员工上面监督的人愈多，效力愈小。分层负责的秘诀，是要使每个部下只对一个上司负责。

**（5）要画出一张完善的组织系统表**

要使左右上下的结构关系十分明确，使其能显示出每个人工作的功能。

总之，一名新经理，应该是一个好的组织者。新经理必须在组织结构及人事协调上，深深地思考，多多的费心，才能获得成功。

## 营造团结和谐局面

集体关系的协调长期以来一直是许多企业的最薄弱部分，民谚说"看一个人，个个是条龙"，"看一群人是一堆虫"，说是就是我们的性格和观念中有着对集体团结的破坏性。

所谓"窝里斗""窝里反""胳膊肘往外拐"都是指一个人对群体情商的破坏行为，我们在日常工作中把那些在群体中搞破坏的害群之马戏称为"导（捣）弹（蛋）专家"或者叫"内耗战士"，民谚中所说的"一粒老鼠屎，弄脏一锅粥"，又说"千里之堤，毁于蚁穴"，可见这种人对集体关系的破坏行为是令人深恶痛绝的。

为什么集体关系会在个别破坏分子手中土崩瓦解呢？说到底是个人利益在作怪。中国人土话说"各人自扫门前雪，莫管他人瓦上霜"、"树倒猴子散"、"大难当头各自飞"说的都是在群体之中明哲保身的思想。传统的小农经济使中国人习惯把小块的私家利益作为安身立命之本。集体的形成并未使他们觉得安全，因为古代中国发展的历史中还没有哪种群体形式使他们觉得自身的利益得到了壮大。各种农民运动到最后的结果仅仅是换了一个皇帝，换了一批官僚，而作为一个集体并没有实质的改变。因此，这就决定了许多人在集体之中的摇摆性和动摇性，他们一旦受到破坏者的影响，就会使集体的情商变得低下。

集体团结的表现，一是取决于构成集体的个体的素质；二是取决于个体之间的相互关系；三是取决于集体的领导者的能力。说到这个集体关系的构成，就想借助于著名的"木桶原理"来加以说明。

20 世纪 70 年代，美国学者艾尔的特·赫希曼针对发展不平衡问题提出了著名的经济学"木桶原理"。意思是说，一个木桶是由许多木板条组成的，一个木板条长短不一的桶，这个桶能装多少水，并不取决于长板条的长度，也不取决于各个板的平均长度，而取决于最短的一块板条。

在构成集体关系的第一因素中，决定集体整体水平的关键在于团体中那个能力最低者的水准。在构成集体关系的第二因素里，个体之间的关系就好像各木板条之间结合的紧密度，或者将所有板条围在一起箍紧，如果板条不能够箍紧而是出现了裂缝及漏洞的话，那么这个桶即使造成也不能够使用。而在构成集体关系的第三因素里，领导者就好像是这个木桶的设计者和制造者或称桶匠，如果"桶匠"的手艺很糟，这个桶是什么样可想而知。

在一个企业中企业是一个整体，是一个系统。企业内"最短板条"的水平，决定着企业的整体水平，长短差距越大，整体水平越低。企业要立于不败之地，群体的关系很重要，要保持稳步向前发展，就要保证群体的水平不断提高。从第一因素来看，那么我们的工作除抓好优秀员工、优秀管理项目外，更要抓好后进员工和管理工作的薄弱环节，重点抓好企业最差的方面。任何企业的工作都存在着好的、比较好的和差的，我们往往是只着重抓了好的，看了优的，忘了差的。甚至认为有一部分差的无所谓，好的是大多数，而忽视了这部分差的正是影响工作的主要矛盾，影响整体水平的关键。从第二因素来看要全面提高企业的情感聚集力，首先在管理上要树立系统理论，在工作上要树立全局观念，在思想上要树立整体意识。看问题、办事情，一切从整体和全局考虑，防止本位主义和小集团利益，在这一点上千万不可偏颇。从第三因素来看，领导者对成员的影响十分重要，作为企业领导者要在企业改革转制的关键时刻，为提高全员的整体素质，增强员工的忧患意识，使企业迅速走出困境，就必须把企业中主人翁意识不强、责任心差、业务素质不高、不能胜任工作要求的比较差的员工进行下岗、歇岗、待岗。然后组织学习、培训，待达到岗位标准要求后，二次重新上岗。这样有利于搞活人事用工制度，真正做到能者上、差者下；有利于增强员工危机感、紧迫感和责任感；有利于转换经营机制，减轻企业负担，减员增效，解决僧多粥少、人浮于事、效率低下的弊端；有利于增强市场竞争能力，提高全员劳动效率，提高企业经济效益。

## 组建团队要注意什么

无论是何种性质的团队，只要是能展现出相当实力的优秀队伍，都必然会具有以下的这些共同特点：

1. 每个成员都具有相同目的：比如在医院的员工都是以"救人"为宗旨。

2. 每个成员彼此间都有默契：你看过篮球赛吗？他们是怎么进球的？

3. 每个成员都清楚团队所肩负的任务：例如销售部门的员工，都晓得他们的任务就是替公司拉生意。

4. 团队成员数量不能过多，否则难以确保团队默契：一个管理者要是想达到有效的管理，手下的成员太多或太少都不好，最理想的数目是6个；除非是在特殊的情况下，很少有编组人数超过8人还能有效运作。

以英国橄榄球队而言，也是分成两组：8 名前锋以及 7 名后卫。

5. 团队有其特殊文化：从办公室内全面禁烟到成员间亲如手足，都是典型例子。

6. 成员之间都能互相支援：如果一个成员忙得晕头转向，其他人绝不会袖手旁观。

7. 团队内有精密的分工体系：成员会依个人之喜好与能力进行有效之分工。

在你所领导的部门里有这些特征吗？如果有的话，是如何表现出来的？

一支训练有素的团队还能有效地展现以下这些功能：

1. 能找出团队所面临的问题，并提出解决的方案或是拟出预定之发展目标。

2. 能收集与团队相关的信息，并征求成员们对于未来发展的建议。

3. 能提供上级所需的信息，或是针对未来发展提出建议。

4. 能充分解释各项提议的内容并澄清可能引发的误解，必要时将找寻替代方案。

5. 能总结成员们所提的各项建议并形成初步结论。

6. 能调查团队里成员对此结论的认同程度，以决定是否有进一步沟通的必要。

请注意，以上这些工作并不需要领导干部的介入才能开展。

## 创建一支高效团队

增强团队精神是每位领导必须做到的，只有强大的团队才能在市场的浪潮中立于不败之地，才能做大公司。没有强大的团队，领导的工作魅力怎能得到下属的认可呢？

形象地说，一个真正的团体就是一群志同道合的哥们儿。

有个领导人胸有成竹地说："就算你没收我的生财器具，霸占我的土地、厂房，只要留下我的伙伴，我将东山再起，建立起我的新王国。"

我们看过一些非凡的领导人，他们好像有天生独特的再生能力、魔力，可以在很短的时间内，扭转乾坤，将一群柔弱的羔羊训练成一支如雄狮猛虎般的管理团队，所向披靡。

此外，我们还会发现另一个十分可贵的事实：每位成功的公司管理人几乎都拥有一支完美的管理团队。

这些成功的领导人所率领的团队，无论是他的成员、组织气氛、工作默契和所发挥的生产力，和一般性的团队比起来，总是有相当大的不同的地方，他们常表现出以下主要特征：

### （1）目标明确

成功的管理人往往主张以成果为导向的团队合作，目标在于获得非凡的成就；他们对于自己和群体的目标，永远十分清楚，并且深知在描绘目标和远景的过程中，让每位伙伴共同参与的重要性。因此，成功的管理人会向他的追随者指出明确的方向，他经常和他的成员一起确立团队的目标，并竭尽所能设法使每个人都清楚了解、认同，进而获得他们的承诺、坚持和献身于共同目标之上。

因为，当团队的目标和远景并非由管理人一个人决定，而是由组织内的成员共同合作产生时，就可以使所有的成员有"所有权"的感觉，大家打从心里认定：这是"我们的"目标和远景。

### （2）各负其责

成功团队的每一位伙伴都清晰地了解个人所扮演的角色是什么，并知道个人的行动对目标的达成会产生什么样的贡献。他们不会刻意逃避责任，不会推诿分内之事，知道在团体中该做些什么。

大家在分工共事之际，非常容易建立起彼此的期待和依赖。大伙儿觉得唇舌相依，生死与共，团队的成败荣辱，"我"占着非常重要的分量。

同时，彼此间也都知道别人对他的要求，并且避免发生角色冲突或重叠的现象。

### （3）强烈参与

现在有数不清的组织风行"参与管理"。管理人真的希望做事有成效，就会倾向参与或领导，他们相信这种做法能够确实满足"有参与就受到尊重"的人性心理。

成功团队的成员身上总是散发出挡不住参与的狂热，他们相当积极、相当主动，一逮到机会就参与。

通过参与的成员永远会支持他们参与的事物，这时候团队所汇总出来的力量绝对是无法想象的。

### （4）相互倾听

正是如此！在好的团队里头，某位成员讲话时，其他成员都会真诚地倾听他所说的每一句话。

有位负责人说："我努力塑造成员们相互尊重、倾听其他伙伴表达意见的文化，在我的单位里，我拥有一群心胸开放的伙伴，他们都真心愿意知道其他伙伴的想法。他们展现出其他单位无法相提并论的倾听风度和技巧，真是令人兴奋不已！"

（5）死心塌地

真心地相互依赖、支持是团队合作的温床。李克特曾花了好几年的时间深入研究参与组织这一课题，他发现参与式组织的一项特质：管理阶层信任员工，员工也相信管理者，信心和信任在组织上下到处可见。几乎所有的获胜团队，都全力研究如何培养上下平行间的信任感，并使组织保持旺盛的士气。它们常常表现出四种独特的行为特质：

①管理人常向他的伙伴灌输强烈的使命感及共有的价值观，并且不断强化同舟共济，相互扶持的观念。

②鼓励遵守承诺，信用第一。

③依赖伙伴，并把对伙伴的培养与激励视为最优先的事。

④鼓励包容异己，因为获胜要靠大家协调、相补、合作。

（6）畅所欲言

好的管理人，经常率先信赖自己的伙伴，并支持他们全力以赴，当然他还必须以身作则，在言行之间表现出信赖感，这样才能引发成员间相互信赖、真诚相待。

成功团队的管理人会提供给所有成员双向沟通的舞台。每个人都可以自由自在、公开、诚实地表达自己的观点，不论这个观点看起来多么离谱。因为，他们知道许多伟大的观点，在第一次被提出时几乎都被冷嘲热讽的。当然，每个人也可以无拘无束地表达个人的感受，不管是喜怒还是哀乐。

一个高成效的团队成员都能了解并感谢彼此都能够"做真正的自己"。

总之，群策群力，有赖大伙儿保持一种真诚的双向沟通，这样才能使组织表现力臻完美。

（7）团结互助

在好团队里，我们经常看到下属们可以自由自在地与上司讨论工作上的问题，并请求："我目前有这种困难，你能帮我吗？"

再者，大家意见不一致，甚至立场对峙时，都愿意采取开放的心胸，心平气和地谋求解决方案，纵然结果不能令人满意，大家还是能自我调适，满足组织的需求。

当然，每位成员都会视需要自愿调整角色，执行不同的任务。

（8）互相认同

"我觉得受到别人的赞赏和支持"是高成效团队的主要特征之一，团队里的成员对于参与团队的活动感到兴奋不已，因为，每个人会在各种场合里不断听到这话：

"我认为你一定可以做到！"

"我要谢谢你！你做得很好！"

"你是我们的灵魂！不能没有你！"

"你是最好的！你是最棒的！"

这些赞美、认同的话提供了大家所需要的强心剂，提高了大家的自尊、自信，并驱使大家愿意携手同心。

上面列举的八种特征，在你所带领的团队里有没有明显的迹象呢？请自己找个清静的场所，给自己十分钟的时间好好省思一番。这有助于你建立一支有效率的管理团队，也就是俗话说的"死党"。

许多公司的管理人大声疾呼："我们愈来愈迫切需要更多、更有效的团队，来提高我们的士气生产力。"身为组织管理人的你，你可得把建立阵容坚强的团队这件事列为第一优先处理的要务，千万不要再忽视或拖延下去了。

创造一支有效团队，对管理人可说是有百益而无一害的，如果你努力做到的话，你将可以获得以下莫大无比的好处：

① "人多好办事"，团队整体动力可以达成个人无法独立完成的大事。

②可以使每位伙伴的技能发挥到极限。

③成员有参与感，会自发性的努力去做。

④促使团队成员的行为达到团队所要求的标准。

⑤提供给追随者足够的发展、学习和尝试的空间。

⑥刺激个人更有创意，更好的表现。

⑦三个臭皮匠，胜过一个诸葛亮，能有效解决重大问题。

⑧让冲突所带来的损害减至最低。

⑨设定明确、可行、有共识的个人和团体目标。

⑩管理人与继承人纵使个性不同，也能互相合作和支持。

⑪团队成员遇到困难、挫折时，会互相支持、协助。

请务必牢记在心：一支令人钦羡的团队，往往也是一支常胜军。他们不断打胜仗，不断破纪录，不断改造历史，创造未来。而作为伟大团队的一分子，每个人都会骄傲地告诉周围的人说：

"我喜欢这个团队！我觉得自己活的意义非凡，我永远不会忘记那些大伙儿心手相连，共创未来的经验。"

通过在团队里学习、成长，每位伙伴都会不知不觉重塑自我，重新认知每个人跟群体的关系，在工作和生活上得到真正的欢愉和满足，活出生命的意义。

一个真正的团队能让你如虎添翼、临危不乱、所向披靡！

## 培养属下的团队意识

当新闻记者采访杰克·韦尔奇时，他说了这样一句话："我的成功，百分之十是靠我个人旺盛无比的进取心，而百分之九十，全仗着我拥有的那支强有力的团队。"

《逆领导思考》一书的作者罗伯特·凯利也说过类似的话："说到追随与领导，大多数组织的成功，领导人的贡献平均不超过两成。"

这可是千真万确的事实，一个组织的成功，不光是靠领导人个人的智慧和才华，绝大部分的成功关键在于领导者周边的那些追随者，在于他们追随者完美的表现。

单打独斗个人英雄主义的时代，已经向我们挥手告别。我们早已迈入合作就是力量，讲求团队默契的新纪元了。领导干部不再是明星，虽然位高权重，拥有领导统御的大权，但是如果缺少了一批心手相连，智勇双全的跟随者，还是很难成就大事的。任何的组织，不管他们是一支

球队、乐团、特遣小组、委员会或是公司内的任何部门，现在需要的不
仅是一位好的领导干部人才，更需要的是一位能投注于团队发展的真正
领导人。

将团队定义为："一个联合而凝聚的团体"的管理大师威廉·戴尔，
他在《建立团队》一书中就一针见血地指出近十五年来，领导干部在组
织内的角色已经产生重大的改变，他解释说明道：

"过去被视为传奇英雄，并能一手改写组织或部门的强硬经理人，
在现今日趋复杂的组织下，已被另一种新型领导干部取代。这种领导干
部能将不同背景、训练和经验的人，组织成一个有效率的工作团队"。

对企业组织内管理内涵有丰富第一手经验，并负责教育训练工作而
闻名于世的威廉·希特博士完全支持这种观点，他提议经理人要用"参
与式"管理来替代专断式管理，他认为："与其试着由一个人来管理组织，
为何不让整个组织一起分担管理的功能？"希特说得可真是直指人心，
因为在专业分工的发展环境中，我们愈来愈需要大家一起互动运作，通
力合作，唯有这样才能快速、顺利、有效地完成工作。

毕竟，一个组织的荣辱成败，绝大部分取决于团队合作的程度。有
鉴于此，做一个跟得上时代的真正领导者，实在有必要花些时间和精力，
做好建立团队和复苏团队的工作。

国内外战绩彪炳的篮球队之所以经常赢得冠军奖杯，主要关键在于
他们的教练是一位极为卓越的领导者，懂得让球队产生一种浓郁的"家
人意识"，因此他们的球员在千变万化的球场，愿意在必要的情况之下，
牺牲个人得分的机会，在次次奏效的妙传当中，表现出大公无私，协调
合作的精神。因为全队共进退，大幅提高了得分率，所以大多数的球队，

都会获得最后的胜利。

①篮球队的管理，意味着要在球员之间建立一种亲爱精诚的文化，使教练和球员融为一体。

②一个训练有素的经理，会精心挑选配合度高的球员，并使球员间产生一种"家人意识"，努力协调大伙儿团队合作的精神。

③使所有球员的长处相得益彰，合为一体。

④每个人上下一心，共同追求胜利与成长。

⑤每位伙伴都可以分享成功的喜悦和荣耀。

⑥管理篮球队的做法在于互助依赖，协调合作，比赛成功要靠教练的战略和球员临机应变的行动相互配合。

⑦拟出一个激励性高的报酬制度，既可聚合团队能力，又能满足球员个人的需求。

无独有偶，声宝企业创办人陈茂榜先生也曾拿打篮球的道理，来强调团队合作的重要性。他认为企业要发挥集体力量，就要以企业的"团队精神"作基础，如果每个人只求个人表现，忽视团队精神，那么就如同打篮球，个人再艺高技强，因不能协同一致，是很难获致胜利的。总之，你现在可以运用组织篮球队的精神与态度去建立你的团队，并创造一个温馨，相互支援，充满活力的环境。

# 第三部分

# 管好人

## 领导成事的看家本领

领导管人手法多样，可从宏观控制，也可从微观入手，总之让自己的下属都能按照章法办事是最根本的。一般讲，管人之道绝不能简单化，不能仅凭领导意志制约下属，而是要把工作做到下属的心中去，让他们自觉自愿地奉献自己，这样才能起到大用。聪明的领导管人，能够既让下属感到威力，又能让下属感到可信，这样就让下属避免了"领导高高在上"的心理，而能放手做好本职工作。当然，领导管人还需要抓人心，必须具备指东打东、指西打西的看家本领。

管好人之策，是领导成事的看家本领：主要包括掌权手法、协调本领、解难心计、应对手段、批评方略、表达艺术等，其核心是领导要用自己的智慧，把上上下下拧成一股绳，让每位员工都能在"工作流程"中释放智慧和能量！

**掌权手法：指挥起来镇定自若**

**要做一个理智型的掌权者**

管理者作为下属直接面对的是权力化身，不要以为你就是龙头老大，应该在刚柔兼济之间，不要轻易地发挥你的权力作用，更不要在权力的陶醉中失去理智和自我。否则，你会被另外的权力和民意打垮。掌权之要诀在于让别人尊重你的权力，而不是嫉妒和嘀咕你的权力。

权力是带有强制性手段的，但是在掌权时切记失去理智是企业管理者必须牢记的要点。美国管理学家卡特·本雅克说："永远做一个理智型的掌权者，才能长久地把握权力的时间。"因此企业管理者要掌好权力，必须学会控制自己、把握自己，针对下属的个性适法行权，这样才能做到行之有效。

傲慢型的管理者要改变形象，必须多和下属沟通，让下属知道你并不像他想象中的那么傲慢，不可接近。

有言是："其身正，不令则行；其身不正，令则不行。"故此在这个重视沟通的时代里，一位好的管理者最需要磨炼的沟通技巧是什么呢？

我们的答案是：如何善用身体语言表达自我、洞悉对方。

"沟通"也许是管理类书籍里最常用的一个词，但也是企业管理者们笃行最差的行动。一项研究显示出，人们多半要花上百分之八十的时间，用在说话、倾听、阅读或书面表达等意见沟通行为上。但这只是口头沟通和书面沟通而已！其他像举止眼神、手势、面部表情等，也算得上是一种意见沟通的方法，我们称之为"无声的沟通"。

改进有声语言和书面沟通的能力固然重要，但是，工商企业管理者在沟通上面临的最大挑战，不是在于如何说得更好，而在于如何从互动过程中，真正抓住对方内心的真意。你想做一位好管理者的话，现在最迫切要学习的是如何解读身体语言、掌握身体语言以及活用身体语言，而非说话技巧。简单地说，懂得解读身体语言，你将会在沟通时惊奇地发现："喔！原来你的真正想法是……""啊！他担忧的不是这个，而是关心……"并洞悉对方真正的想法，做好沟通工作。

有证据显示：人类平均一天只说十一分钟的话，其余百分之九十九的时间，都在和他人进行身体语言的"无声的沟通"。

在社交场合的谈话中，大概只有三分之一的讯息是靠语言在传递，其余三分之二是由无声的身体语言来传递的。你有同感吗？

至于在较正式的工作沟通时，身体语言的表达至少也不会低于百分之五十的比例。总之，沟通在重视口语表示之外，更要懂得用身体语言去沟通的技巧。

"要达到上乘交际沟通，除了要具备说话的技巧之外，眼神、个性、人缘还有你够不够坦诚，都是基本的要素。"沟通训练专家德鲁克在《沟通艺术》一书中，明确点出了身体语言散发的信息，也是沟通成功的关键因素。

因此，当你和别人沟通时，千万要留意自己的身体语言。否则，就算你口头已传达了正确的信息，也无法将自己所要传达的信息全部准确送出。

身体语言有强化口语说服力的功能。懂得如何利用肢体的辅助，进一步表现你更真切的情意，将使你的沟通技巧更上一层楼。

当然，一位优秀的管理者会在沟通时，相当注意对方的眼神、手势，熟悉他们的神态与动作。通过仔细的观察，并加以解析对方心中的真实想法，如果做不到的话，还是很难达到真正沟通效果的。

你希望学会如何洞悉对方心中的想法吗？你希望通过无声的沟通增强你的影响力吗？我建议你：选一本有关身体语言的参考书好好研究一下，当然你也可以花点钱去参观有关介绍这方面知识的研讨会。

一位管理者因沟通能力不足所遭遇麻烦和欠缺其他能力所遭遇的麻烦会一样多，甚至可能更多。因此，如何改善人际沟通与能力，发挥潜能已成为终身学习必修的一门学问了。

## 权力大责任更大

有这样一句话：世界上有两种人最难忘，雪中送炭者和落井下石者。下属惹了祸，如果领导者自己扛，这就是雪中送炭者，否则就是落井下石者，对于领导者来说，中间状态是很难的。

危难时领导者向下属伸出一只手，会比他成功时伸出两只手拍出的掌声更容易让他感动。下属信任你，在某种程度上，不是因为你的权力，而更是因为你能够承担责任，有了祸勇于为下属承担责任。下属出了问题有人替他挡驾，此时的关怀更会令下属感动，更会增加下属对你的信任。

对于一位称职的领导人，下属闯祸，请先冷静地检讨一下自己。如果完全是因为下属自己的疏忽，可以和他冷静地分析整个事情，告诉他错在什么地方，应该如何改正。别忘了加上这样一句话，全力以赴地做事，冷静地处理每一件事，上司永远是他们的后盾。

要是下属犯错，领导人自己也有间接责任，可以在与他单独会面时，将事情弄清楚。最好不要推卸责任，当然也不是要把所有的错误全都揽过来，而是一起去研讨犯错的前因后果，并鼓励下属以后多多与自己磋商。

勇于替下属承担一些责任，就会拥有一个团结的集体，下属的努力工作，将是事业前进的必备条件。在公司里，有了责任大家分担，有了问题共同解决，正如有了功劳大家一起分享一样，这个集体必定欣欣向荣。

作为领导，手中拥有权力，这全部是下属赋予的，不要以为自己是领导，拥有无上的权力。假如下属都不听话，阳奉阴违，表面上唯唯诺诺，背地里放冷箭，这样的领导还能当得了几天呢？所以，权力应该是和责任相对的，权力越大，责任越大。明白了这一点，就该知道为什么"有了祸事自己扛"了。

## 下达命令的技巧

发布命令不仅是一张纸文而已，更要懂得一些技巧才行，因为到处是命令，等于没有命令，只有最恰当的命令，最正确的命令，才是最有效的命令。这是常理。作为领导更应精通此道。否则在工作中，就会走弯路，比别人慢半拍。你掌握了下面的技巧，你的命令就会"不令而行"了。

命令是管人最常见的表现形式，它可以以文件的形式间接下达，也可以以口述的形式直接下达。"有令必行"是管理工作的通则；反之，在执行过程中，命令被打了"折扣"，必定达不到预期的效果。这种"折扣法"，在现代企业管理中时常是有的，或者说使命令在执行过程中走了样，变了形，致使企业工作难以有效进展。

"打折"，是生活中常见的事。商店里的商品卖不出去，便要打折，以招徕顾客。对于打折，老百姓总是欢迎的，而商家往往也能获得利益，真可谓皆大欢喜。

可是，作为一个领导，如果你的命令被下属在执行中大打折扣，恐怕你不会高兴。打折的商品至少还能卖出本钱（真正的跳楼价是没有的），但被打折的命令，实实在在连一文钱也不值了！

并且，你的下属敢对你的命令打折，很显然他们没有把你的权威放在眼里，甚至，他们根本没把你当上司看。这也说明，你对他们的管理是彻头彻尾失败的！

要想树立权威，就绝对不要让你的命令打折扣！因为你的命令从某个方面说是代表了你本人。

那么，如何才能让你的下属彻底贯彻你的命令呢？

答案简单地说，就是你一定要掌握向下属下达命令的技巧和方法，在下达命令的过程中向下属传达这样一种信念：

我是你们的上司，我不允许你们把我的命令打折扣，否则后果，就在你的眼神中！

在下达命令时并告诉他们做什么，是一种需要技巧和专长的微妙艺术。如果你想要在你所选定的领域中获得高度的成功，你就必须知道如何通过你的命令指挥控制别人的行为，因为你不能一味靠着蛮力强迫下属去做你让他们做的工作，你必须学会如何运用特殊的领导手段让他们心甘情愿地为你效力，使他们既尊重你又服从你。

19世纪英国著名的政治家迪斯累里在总结控制别人的行为的思想时得出结论说："人是被话语统治着的。"你也可以用话语为你的思想和感情服务，你可以用你的方式去指挥别人按照你的意志行事并为你的目的服务，你也可以下达被认真贯彻执行的命令。

给下属发布命令的技巧具体是：

（1）命令要重点突出，不要面面俱到。如果你把你的命令讲得过于详细和冗长，那只会制造误解和混乱。

（2）为了使你的指令叙述得简要中肯，你要强调结果，不要强调方法。为了达到这个目的，可采用任务式的命令。一种任务式的命令是告诉一个人你要他做什么和什么时候做，而不告诉他如何去做。"如何做"那是留给他去考虑的问题。任务式的命令为那些替代工作的人敞开了可以调动他们的想象力、主观能动性和独创性的大门。不管你的路线是什么，这种命令的方式都会把人引导到做事的最佳道路上去。如果你是在为你自己做生意，改善了方式和方法就意味着增加利润。

（3）当人们准确地知道你所需要的结果是什么的时候，当他们准确地知道他们的工作是什么的时候，你就可以分散权威和更有效地监督他们的工作。如果你是经营商业或工业，或者在搞销售，甚至你可能在军队中服务，当你能确保人们准确地知道他们的工作任务时，至少你会享受到减轻你的工作压力和更有效地监督你的下属的这两种具体的好处。

（4）当你发布使人容易明白的简洁而清楚的命令时，人们就会知道你想做什么，他们也就会马上开始去做。他们没有必要一次一次地回到你那里只是为了弄清楚你说的话。在多数情况下，一个人没有为你做好工作的主要原因就是他或者她没有真正弄明白你要做什么。如果你希望别人丝毫不走样地执行你的命令，那么命令的简单扼要是绝对必要的。这是你必须遵从的一个牢固的规则。

（5）命令不要太复杂，要尽量简单。

在军队中也使用同样的原则，简单是战争的一个准则。最好的计划应该是在制定、表达和执行上都不复杂的计划。这样的计划也更便于大家理解。一个简单的计划也会减少错误的机会，其简洁性也会加快执行的速度。

在商业上，那些利润最多的公司都是在各方面力求简洁的公司，他们有简洁的策略思想，有简单的计划和执行纲领，对做决策的责任也有专门的安排，简化行政管理程序，取消繁文缛节，采用简单的直接联系。成功的商业公司各个方面都尽可能地保持着简单朴素的工作作风。

掌握了以上的5种技巧，你下达命令时便会胸有成竹，你的下属除非故意冒犯，否则找不出任何不贯彻执行你的命令的理由。

### 以非命令的形式下命令

人类有一种逆反心理，越是强硬的命令，越是不愿意服从。然而，同样是上司的命令，如果用"托"这句话来扭转彼此的身份，人的反抗心理便会微乎其微，常常不会感觉出这是命令。

言语也有各种性质，但使得工作岗位的人际关系恶化的一种言语，应该可以说是那些"职务言语"罢！

这是什么样的言语呢？

比如上司把部属叫到桌旁："喂！你，听说你不听经理的命令。"怎么听也是上司的口吻，又如："这是经理的命令"或"你有什么了不起的，你不过是个普通职员"等等。这种"职务言语，"不用说就知道，很容易招致职员们的强烈反抗心理。

但是，反用这种"职务言语"的话，实际上使得公司内人际关系趋于顺利的也有。

比如经理交给部属某件工作时，故意走到部属的桌旁，说："有一件事想拜托你……"

经理本来应该用命令的语气，却对部属称"拜托"，由于措辞使得立场（身份）逆转过来，如此一来，部属便产生了干劲，忙于被委托的工作，这种情形也不少。

言语，原本就带有社会的功能。普通职员一旦变成经理，"俺"就变成"我"，给比自己年纪大的人加上"先生"，比自己年幼的人冠上"君"来称呼。但是，如对方也担任管理职务，则对年轻职员也加上"先生"二字。

公司中居下属地位的人，经常对上级抱有坏印象。但上级如果冠上

"先生"来称呼下级者，那么彼此之间的情势便会扭转过来，使他抱有优越感，对上级便变成尊敬、信赖。

这样一来，即使直接发布会招来抵抗的命令，也可以使部属不感到是命令而确实去实行。

有一本介绍"心理技巧"的书，其中介绍过，有一次在美国田纳西州的州长选举中，兄弟二人双双出马竞选。哥哥以吻婴儿的微笑战术来扩大支持者的层面；相反的，弟弟却对于这些漂亮的姿态一概不采用。当他站在讲台上时，边摸着口袋边对听众叫着：

"你们谁可以给我一支香烟。"

结果是弟弟大胜。

选民们因为能面对伟大的政治家的平易近人，朝普通百姓要香烟，而支持弟弟。这也可说是使用"给"这句话，图谋心理立场逆转的手段之一。

能够跟大人物这么近乎地打交道，在普通人看来是一件很荣耀的事。领导者有时故意作出某个举动，把自己降到普通人的地位，甚至通过语言的印象，使对方格外受尊重，这是借着立场的逆转，挑起对方的虚荣心。

让我们举一个极端的例子：如果一个奴隶主对一个被他打骂和使惯了的奴隶说："啊，对不起，劳驾，让我抽你一鞭子吧！"这个奴隶会怎么想呢？

总之，在工作场所，为了巧妙役使部属，不让他们把命令当命令，好好地挑起他们的自尊心，是非常必要的。

### 你替他着想，他听你的话

　　领导在用权的过程中，应全面地想想对方的处境，及他的才能，应注意他们本身的想法与行为。这是一种交换位置的思维方法和办事哲学。具体来说，仔细调查部属对工作、部门及领导者期待的事项，然后倾全力对那些期待产生回响。由于能理解每个人的立场，所以不会出现不合理的期待。即使有，通常只要彼此互相沟通，就能了解那期待的不合理的地方。领导者如能倾力回应部属的各种期待，则彼此间自然会产生信赖感。没有人会因领导者实行自己所期待的行动起反感的，对于能优先考虑自己的立场然后才采取行动的人，自然会产生好感，甚至还会升华成信赖。

　　或许别人认为领导者似乎过于自我牺牲。但是，环顾尘世，这种以对方为本位的想法，才是成功的秘诀。某家证券公司在举办分公司经理研习会时，该公司担任讲师的董事，娓娓诚恳地道来的经验，使分公司经理们深获感动。有些分公司经理为了提升分公司的成绩，拼命努力地工作，这种情形当然很好，但努力的方法却有问题。

　　大部分的分公司经理把工作硬塞给部属，也不管实际的情形如何，便鞭策他们务必要提高营业成绩。以总部的眼光看来，分部经理的这种做法，无疑是把部属当作垫脚石。由于表现醒目，感觉仿佛扶摇而直上。但是，这种醒目的现象只是暂时的，很快就会恢复到原来的状态。而且这种做法在部属的眼中看来，总觉得是被当作其扬名立业的垫脚石，内心难以挥去这种阴影。

　　因此，最好放弃这种做法，那位董事以本身的经验来劝告分公司经理们，眼光不应只是着眼于公司，而是处处要为部属着想。只要能重视部属，自然能使工作更臻完美。例如，分公司经理要设想如何才能使部属容易开展工作等。如此站在部属的立场来为他们设想，他们自然乐于执行政策，分公司的成绩也自然而然会提升。因此，这种成长不会只是暂时的现象。由于分公司经理受到部属的爱戴，随时都能表现杰出。

通常我们的想法都是以自我为中心。领导者以领导者的立场来思考或判断事物，很少会站在部属的立场来考虑事情。而部属以他自己的立场着眼，也决不会站在领导者的立场来思考事情。但由于领导者与部属都只凭自己的立场来考虑事物，不会为对方着想，如果两者在一起工作，集团活动无法顺利进行是毋庸置疑的。因此，领导者的想法必须改变，凡事要多从部属的立场考虑。

然而，所谓考虑部属的立场，并非迎合部属。而是先站在部属的立场来考虑事物。要有意识地努力，直到能自然而然考虑到部属立场的想法。虽然大部分的领导者都能理解部属本位想法的重要性，但由于在现实上无法充分发挥这种想法，因此也就无法成为好的领导者。读者要留意此一事实，持续地努力，直到能自然产生部属本位的想法。

在公司里办事是如此，在其他的场合办事也应这样，只有考虑到别人的想法，他们才能为你办事。

## 强迫他做不如他主动去做

谁都讨厌被人命令，即令是你的孩子也是如此。"小明，别整天顾着玩，快去复习功课！"虽然他嘴上说："知道了。"却总是磨磨蹭蹭的不见行动。在酒店里对服务员说："喂，拿壶水来。"答道："好的。"却迟迟不见水送上来。

在公司里，这样的情形也常有发生。"怎么搞的，计划还没做出来，期限快到了呀！"但回答"知道了"的部下，却连一点动静也没有。"为什么还不着手呢？""知道了，可是没空呀！"

部下虽然回答了两次"知道了"，但没有付诸行动的话，这只能算是说服的失败。

嘴里答应了却不去行动的人必有他的某种原因存在。其主要原因就是，人都讨厌被人命令。不管是谁，在潜意识里总会对命令起反抗。

脑子里有某种构想，又想象着自己能够说服他人，使之付诸行动，这实在是件很棒的事。但是同样的构想若由上司提出的话，突然间这构想就会蒙上某种色彩。

上司那里来了客人，一个女职员正想站起来为他们倒茶时，突然上司用命令的语气说："你去倒杯茶来！快！"她本来是想去倒的，但在一时间却起了反感。一看就知道的事，根本用不着上司来命令，因此她并不会急着去做它。

"我想去洗手间一下。"说完，她就往洗手间走去。虽然这有点小孩子气，但不管是谁心里都会有潜在的反抗意识。本来想去做的，但一经人命令，整个的情绪就会变得恶劣而且想反抗。

人总希望自己能够主宰自己的事情，若经别人催促，即使口中答应了，但在某种地方却残留着反抗，成为实行的障碍物。

想要说服你的部下，非从理解人类的这种心理来着手不可。

在某次研讨会上，大家正就有关"说服的要点"讨论时，一位学者提出"指示和说服有何不同"的问题。

其实，指示是命令的一种。命令，多半有强制的意思。组织一成立，领导者就会拥有权力。就因为权限发出的命令或指示富有强制的因素在内，所以部下不得不遵从。此时，对方是在不得已的情况下，才发生了行为，这就不称为说服。所谓说服，是使对方自动、自发地答应某事。

有的人用命令来指挥部下，却认为自己具有说服力。作为一名领导，能否不靠命令，而用自己的说服力来带动部下呢？关于此，作为领导者，应该好好地反省一下了。

推动他人的秘诀只有一个，那就是"使对方能主动地起而行之"，这的确是句名言，道尽说服的本质。"使对方能主动地起而行之"，也就是能使对方自动、自发的被"说服"。

如果只是强迫性地要人去做，只会徒增反感罢了，便无法发挥力量，导致失败的机会也会增多。虽然一样是做，但如能自动自发，就能燃起做事的欲望，因此，也会有意想不到的力量发挥出来，而成为可靠的协助者。

说服虽然能使对方感动，但单单用压迫是绝不能成功的。不气馁、不断推动是必要的，同时不要忘记要时常引发"自动自发"的意识。

## "站着指挥"不如"干着指挥"

有一种无声的命令，叫作领导"干着指挥"。这种命令，在某些情况下，甚至比有声的、文字的命令更有效，更有威力。这种威力，不是靠领导者手中的权力，不是强制力，而是靠领导者自身的模范带头，艰苦实干的作风，这是一种威望之力，也是一种最神圣的指挥。

　　本来，领导者与下属之间，就是组织、指挥和服从、照办的关系。如果你组织得好，指挥得当，你就是一个好的领导者，一个好的办公室主任。你对下属就会产生一种吸引力，下属就会自觉地跟着你奋斗，无声的命令就是这么产生的。领导者所负的责任越大，"调摆"的任务也就越大，所以，越是高级的领导者越爱采取"干着指挥"，也就越能激发下属的积极性。历史上正义的民族的战争，如果主帅亲征，也能极大地鼓舞士气；如果"御驾亲征"，就更是非同小可。这个亲征，如果不仅仅是督阵，而是亲自上阵杀敌，战士们必能舍生忘死，所向无敌，为亲征者冲锋陷阵。

　　身为主任如果仅仅是"站着指挥"，慢慢地与下属就会产生一种无形的距离，甚至一道鸿沟，指挥就会失去威力，甚至会完全失灵。特别是"调摆"任务不大的领导者更不能"站着指挥"。试想，一个几十人甚至十几人的单位，那里的"小萝卜头"主任也仅仅是发号施令，不亲自动手，下属会拥护他，亲近他吗？

　　"干着指挥"对下属的影响，在两种情况下力量最大：一种是在领导者担子最重的时候能选择最艰苦的工作与下属一起干。这道理不言自明。另一种是能参加一些极平常的劳动，比如：打扫卫生、装订文件、整理报纸等，或者一些突击性的活动。从分工来说，这些活当然属于下属工作人员，但你绝对不要认为与自己无关。当你有时间的时候或者"就势"帮助下属做这些事情，你会给下属一种自重感，使他们感到你看重他的工作，尊重他的人格。同时，你又会给下属一种亲切感，使他感到你没有架子，平易近人而愿意在你的手下工作。反过来，如果机械地看待自己与下属的分工，本来有空，一些突击性的活动也不参加，甚至一些"举手之劳"也懒得动手，下属就会觉得在你的手下工作不是滋味。即使目前仍在你的手下工作，也只是暂时性地混着日子，等待跳槽时机。

## 接受任务要量力

对于从事自由职业的人而言，是否能接获新的工作，几乎决定于此人的信用程度。即使是上班族，倘若被指名委派某项工作时，随着评价升高其他工作也会借机涌入。

如此一来，必定忙碌不堪。尽管手旁已有一大堆工作，仍不断受托新的工作。虽然想予以拒绝，却因担心一旦失去信用后工作机会不再降临，只好勉强接受。然而，这是莫大错误。如果在忙碌时勉强接下工作，反而会失去信用。这是因为一旦忙碌起来，工作的品质难免受影响，抑或出现逾期完工的情形。"偷工减料！"由于对方会产生这种想法，下回自然不再登门委托工作了。

只因为曾经推拒过一次，并不意味着从此失去工作的机会。只要能清楚解说不得不推辞的理由，必然可以获得对方理解。"如果可能，我也很愿意接下您的工作，但目前已呈饱和状态，本次实在无法承接。因为我不想造成工作品质变低或出现逾期交件的情形。"如果你能恳切解说理由，"这个人的确是工作努力、认真负责的人啊！"对方必然会感觉如此。借由诚实拒绝反而可以增加信用度。

此外，在截止日期受到限定时，如果自认无法如期完成，"到那天为止实在太勉强了"，就必须明确说出来。与其认为勉强却仍暂且接下工作，然后拖拖拉拉地逾期交件，不如当下拒绝更能使对方感到安心。

迅速判断自己能力可及与否，乃是专业的条件。由于对方也了解此点，下回再有工作机会时，仍会登门委托。

尽管自知绝对无法完成，却仍接下工作的外行人，是无法获得信赖的。只有那种人，才会在工作品质降低或延期交件时，以自己太忙碌作为借口。如果利用这种方式推卸责任，下回的工作机会也必定跟着丢失。

忙碌的原因，乃是勉强接下工作所造成，责任在于自己，与委托工作的另一方完全无关。

更何况，由于其他客户委托的工作积压才造成延迟完工的情形，只会让人产生不愉快而已。"既然如此，为何当初不明确拒绝"，对方大概也会如此想。

如果能尽早判断出自己无法按时完工，对方也可以采取委托他人或延长期限等相应方式。

## 用真诚打动对方

人与人通过沟通达到理解，最根本的要求是要真诚。《中庸》释"诚"有几种含义：所谓"诚则明矣"，就是说无诚不智；所谓"成己成物"，就是说诚通于仁；所谓"至诚无息"就是说唯诚乃勇。这几层意思不可不深切体会其内在意义。古人解释智、仁、勇三德，必须以"诚"为依据；诚信乃一体的两面，甚至可以说是互为表里、休戚与共的。一个人若能诚信待人，自然可以取得对方的信赖与理解。

生活中常常会遇到这种人，他们向往彼此之间具有很密切的交往，绝对地相互信赖和理解，甚至达到"心有灵犀一点通"的地步。

但是，要想引起对方在感情和行动上的共鸣，靠什么呢？只有靠你出之以诚，如此才能打动人心，使不可能办的事情，成为可能办的事情。生活中，语无伦次，结巴口吃的人能感动人心的情形并不少见；言语流利，辩才雄发而无法影响他人的情形亦屡见不鲜，欠缺体贴，不出以诚，怎么能让别人理解？

因此，在人际交往中企图以穷追不舍的方法来达到影响他人的目的是笨拙和不明智的行为。话必须适可而止，提出要点，指出问题的症结之所在，在对方明白了自己的错误或失败的原因之后，应该就此打住，多费口舌并无益处，说得越多反而越有可能对你不利，在别人遇到挫折、失误和困难的时候，不需要有口诛笔伐和痛打"落水狗"的精神。有的应是手下留情，让人一条路的态度。尤其是领导，即使是劝诫别人，也要注意方法，否则会产生排斥的作用。而引导能够促进理解，能够使对方做出积极肯定的反应，达到自己的目的。

在劝慰、开导别人时，一定要具有体察对方心情的本事。首先是要诚恳地听他辩解，让他把要讲的话讲完，把要宣泄的积郁发泄出来，然后再对他所说的问题，加以好言相劝。如果仅仅想咒骂对方一通，借以泄心中之怨气，亦未尝不可，不过这种方法一点也不能影响对方，反而会招致相反的效果，其利害和得失，各位自己是不难衡量的。

个别谈心是思想政治工作的一种基本方法。思想工作离不开个别谈心的语言技巧。其主要特点和作用是：

（1）心平气和，双向交流

个别谈心不同于领导作报告、上大课，它是个人与个人之间的感情交流，具有亲近性。

个别谈心是双方坐在一起，心灵上互相碰撞，要求双方都以平等的身份，轻松愉快地以心换心、互相交心，说出真实思想，促进感情融和，增进相互间的了解和友谊。坦诚直率，谦虚谨慎，尊重他人，是谈心必须具备的良好心理素质。只有知心，才能达到推心置腹、情感相融的境界。妄自尊大、盛气凌人、刚愎自用的作风，虚情假意、油腔滑调的习气，是伤害个别谈心的毒剂，它必然导致双方产生鸿沟。

双方在心平气和、双向交流的过程中，应做到洗耳恭听他人之言，不扰乱对方的思维；不应避实就虚、隐瞒自己的真情实感；不应强人所难，硬要对方听你的枯燥无味的说教；不要故意闪烁其词，使对方难以理解自己的意图；也不应在对方给自己提意见时就大发雷霆，粗鲁地顶回去；更不应出现伤人之语，损人之词。这样才能使谈心的对方为之倾心，与之共鸣。这样的领导才能转变作风，体察民情，密切干群关系，当好人民公仆。

（2）灵活机动，适用面广

个别谈心这一语言技巧，形式简单自然，具有随机性。内容不受时间空间限制，可以根据需要灵活地进行。个别谈心语言技巧对环境条件要求不那么严格，事先准备工作也不需太复杂。个别谈心不仅适用于领导层和干部间，也适用于一般群众之间以及领导干部与群众之间，有利于消除同志间隔阂。互相学习，取长补短，共同进步，做好工作。

个别谈心的方法需要灵活多样，一般应掌握以下几种方法：

一是询问性质的。学会"问"的技巧，在问的过程中注意消除对方的疑虑。对有的人可以直接问，而对另一些人则可委婉地问。

二是批评性质的。对有的人可进行单刀直入的批评，而对有的人则需要启发其进行自我批评。对被批评的人的成绩应该肯定，对其缺点和错误要尽快引导其自觉认识。

三是命令性质的。这种情况只有下达组织的重要决定时才适用。如工作岗位有所变动之前，领导要找该同志谈心，向他交代新任务。这时也要因人而异，考虑个性的不同、新老同志的不同，采取下达任务的方式也要不同。

四是平等性质的。领导要心平气和，平等待人，以关心、信任的态度对待谈话的对象。

### （3）针对性强，效果明显

个别谈心语言技巧符合人的大脑高度个性化的特点，具有针对性。上课、演讲、广播、电影、电视、戏剧等宣传教育，是面对大多数的，不可能面面俱到，众口均调。而在对症下药、解决矛盾上，谈心独占优势。这种优势包括两个方面：

一方面可以做到有什么问题解决什么问题。特别是当随着社会的发展、生活的提高，人们思想观念、生活方式和心理状态，都发生了很大变化，产生各种思想问题，除靠行政手段外，而对个别性和特殊性的问题，则需要运用个别谈心的语言技巧，方能更好地加以解决。

另一方面，构成社会主体的人群，在年龄、职业、文化素养、社会经历、思想觉悟、各自爱好方面不尽相同，决定了人们的思想政治工作不能"大帮轰"、"齐步走"，只能因人而异，一把钥匙开一把锁。

个别谈心要做到有针对性，应做到如下几点：

一是要考虑对象。对象不同，基础、需要、爱好不同。应尽可能从对方熟悉的或感兴趣的话题入手。

二是要及时消除对方的各种心理障碍。在一般情况下，谈心对象的心理活动大体有揣测心理、防御心理、恐惧心理、对立心理、懊丧心理和喜悦心理等几种表现形式。在个别谈心过程中，各种心情往往不是单一的，常常出现多样化和复杂化。但每一次谈心总有一种心理状态占主导地位。我们要了解一些心理学知识，及时消除影响谈心的心理因素，使谈心卓有成效地进行。

三是要从实际出发，因人而异。区别不同对象，提出不同层次的要求，对症下药。尤其对后进者，"起点"不宜太高，防止他们丧失上进心。对其他人也要有分析、有区别，因人而异地讲道理，做工作，尽量调动各类人员的积极性。

## 切勿乱开空头支票

常有些人喜欢顺口答应别人事情，而事实上却无法做到，这就叫作"空头支票"，身为一个领导干部，尤其要避免这点。有些刚上任的领导干部，由于过分相信自己的实力，很轻易地就会答应部属："……我可以帮你这样做。"然而往往却做不到。如此，很容易就在部属心中留下一个"不守信用"的标志。

某公司的年轻领导干部 W，很想将公司的人事变迁问题解决，于是就向公司人事部门提出种种申请。当他每一次出差到总公司去时，就向人事主任或科长如此说："我那边的 A 职员已调出去四年了，请你今年把他调回来。""B职员有八年的时间，都在同一单位工作，一步也未曾离开，是否把他调升到其他地方较好？""C这人很明显地不适合做调查工作，假如不早日将他调到别的部门，无论对他本身或周围之人，都是一种很大的负担。"

可是，每一次他提出这些问题时，人事领导干部或科长都会回答他说："是这样啊？我晓得了，我可以考虑看看。"或"我可以和上司商量一下，然后再说好了。"就这样，总是无法给他一个明确的答复。

一年、两年很快地过去了，而此项人事变迁工作所做到的，只是申请了一些人而已，W领导干部遂想尽各种办法，透过厂长向总公司的常务董事提出报告。常董听后说："原来是这样，我晓得了。我会好好安排，我会下令人事主任来办妥此事。"

W领导干部从厂长处听到此消息后，高兴异常，以为人事问题即将解决，遂转告部属"再忍耐一段时期"，部属也都兴奋地期待着。

好不容易熬过三个月，却毫无动静，到了第六个月，才有了人事调动，不过只有三名而已。到此，部属对W科长之不信任感，愈加强烈了。

其实，W科长确实做了很大的努力，而其部属仍不免在背后批评他："科长只是为了获得我们欢心，便如此乱讲，说可调升我们的职位，而事实却没有结果。跟这种人一起工作，有什么意思？"可怜！错并非在科长本身，由于他急于解决问题，却又处理不当，徒然惹来这些非议。

一般而言，当领导干部听到部属请求时，往往认为事情颇易实现，便一口应允，而不详加考虑各种情况。事后，由于情况变化，或本身判断错误，以致发生执行上的困难，而失信于部属。此时，唯一的解决之道即是——道歉。勇敢地告诉部属："对不起！是我估计错误，我实在很想帮你忙，只是情况不允许。"如此，部属必能释怀。可惜，大半领导干部都不愿意认错，而佯装不知道。如此一来，部属会愈加轻视他，离叛也是理所当然的。

## 对待小人，不妨施以小惠

当我们想起自己曾经给予别人小小的恩惠，而被别人很感激地接受了的时候，我们岂不是感觉到很愉快吗？反过来说，我们不是常常看到，有些受别人恩惠太多的人，有时候不是反而想避不见面吗？这就是因为我们帮助别人的时候，我们的自尊心发扬起来了，而在我们接受别人帮助的时候，我们的自尊心反而感觉到痛苦了。许多领袖人物，都曾看到了这一点。在帮助别人的时候，应当以不求报答来安慰别人，这样才可以安慰那人的自尊心，同时，却正是给那人一种强烈的刺激，希望自己也能帮你的忙。

应该知道，有才干的人，他们都是故意让别人对他们施以种种小惠，作为解决许多困难问题的对策。举一个例子来说，美国有一个著名的广告家斯坦顿，忽然觉得一位老朋友渐渐地和他冷淡起来，快要断绝来往了。因为这位朋友是工程师，于是他就去请他审查一幅新建水管装置的计划图，并且希望他指教一些意见。那工程师接受了那份计划图，出乎斯坦顿的意料之外，他勤奋地工作着，并且立刻提出了许多切实的意见，把那些图样送还了他。于是，他们两人的老交情，从这天起又恢复如初了。

无论是对部属还是亲戚朋友，对于满意我们的人还是不满意我们的人，我们都应当留心那些人的性格，唯一的不同点在哪里，他们各人所持的个人嗜好和习惯是什么？但不论他们的性情怎样，嗜好与习惯怎样，可以这样说，他们所最高兴给我们的，就是我们个人特殊感情作用之下的小惠。所以，当我们请求别人给我们一些他所高兴给予那个小惠的时候，我们就得到了他们的好处，使他很愉快地对我们有所注意了。

使仇者拥护你的方法很多。在这简短的篇幅里也述说不尽，但是，这里有一条铁的定律：那就是请你预先注意别人所要提出来的反对意见，把他们的反对意见，看作与你的计划同等的重要。而在决定你一切计划的时候，必须将这种反对意见罗列在内。如果可能的话，便得设法使你的计划能满足他们。在任何一件事情中，总应该设身处地去预料他们的意见，并且筹备妥善之策对付他们。

## 软硬兼施，恩威并济

作为一个领导，要掌握苛责和感情输入的良好运用。苛责过分，下属会认为你不近人情，缺乏理解，从而产生逆反心理，消极怠工，不愿干出成绩；感情输入过分，会使你显得比较软弱，缺乏应有的威慑力，下属也会对你的命令或批示执行不力甚至是置若罔闻。那么如何才能更好地把握这个尺度呢？

（1）要记住赞扬是必要而且有效的。哪怕是下属只是有了一点小小的进步，也不要忘记对他表示你的赞扬和认可；

（2）要成为言出必行，言而有信的领导，这样的领导者更容易产生威慑力。制定的规章制度，一经形成并得到下属的认可就应产生效力，无论是谁，都该按制度办事。当然，你自己应当首先遵守；

（3）赞扬要简短，不要说起来不停，那样就会失去赞扬的应有作用；

（4）某些自己可以做的事情就尽量自己去完成，不要总是麻烦你的下属；

（5）地位和交流同等重要，整天板着面孔并不能增加你的领导魅力；

（6）给下属以惊喜。你可以在大家都想不到的时刻请大家吃顿饭，为某个下属开个生日聚会，甚至以私人身份突然敲开下属的家门。但注意这些行动不要过多过滥，否则下属会以为你这是在刻意收买人心；

（7）不要以为自己是全知全能的，你可以从下属身上学到很多东西；

（8）工作之余，下属们难免会聊上几句，谈论一会儿大家关心的问题，你也可以参加，但不要忘记你是领导者，这样的"小型座谈会"应该由你首先决定在恰当的时候结束；

（9）不要因为两次类似的失误而完全否定个别下属的能力，大家都有过犯错误的经历，而且相同的错误并非不会再犯第二次。时机允许的情况下，你可以把任务交给他一个人去完成，这样他会更加谨慎小心地完成这项他认为来之不易的工作。

你交给下属去完成的工作非常多，你也不可能有精力一一过问，所以其完成的结果往往并不能与你预想的相一致，遇到这种情况，不要只是一味地对下属大加责难。只要事情有所成而没有搞砸，那么你就有必要进行赞赏。

基恩是美国新泽西州的一家证券公司的经理。他虽很年轻，但他的经营业绩却比许多在证券业发展多年的经营人还要好，而且他的下属们也个个精明强干，都能很好地完成自己的业务。基恩的工作就是统筹调配，搞好整个公司的宏观把握。许多公司都想从他身边挖走他的助手，但没有人成功过，他们好像粘在一起似的，是一个具有极强凝聚力的团体。

那么，是不是他和他的助手都比别的从事证券业的人更有能力呢？从基恩自己的叙述中我们即可尽知详情：

"许多人都以为我们的公司职员个个都非常出色，其实这犯了一个大错误，在很多时候，这些愣头愣脑的家伙都把交给他们的工作弄得一团糟，搞得客户对他们甚为不满，我就得放下手中的活计为他们填补这个漏洞。有时我就想，我这是干什么呢，简直是费力不讨好，我甚至想解雇他们，但最终我忍住了自己的脾气。

不要以为我会因此饶恕他们，我会狠狠地批评他们一顿，甚至把他们说得一无是处。但是我仍旧会把工作交给他们去做，而且对象仍是他们所得罪的老客户。自己惹下的祸事得由自己来搞定，否则就可以退出，我不会阻拦的。我会在自己认为恰当的时候把我的夸奖毫不吝惜地分给他们。至于物质奖励，我也擅长，我让他们自己选择应该获得物质奖励的人，而他们的选举结果也往往与我想象大致合拍。

我不以为自己做得很出色，应该说我也许付出了比别人更多的努力。我相信一分辛劳，一分收获的古训，而我的下属们也非常赞同这个观点。"

该强硬的时候必须强硬，该温情的时候也必须温情。下属的潜能究竟有多少，有时连他自己也弄不清，而能够使其尽情发挥的原动力就是你的工作方法（正确而有效的方法）。使其感到尊严的存在却又承认你的领导地位，同时让他明白工作不单是为他个人，也是为了整个集体，这样就能使下属更好地努力工作。

如果有一天你一觉醒来，觉得自己的情绪非常糟，连你平常很爱护的妻子和孩子都看不顺眼，总想和他们发一顿脾气，那么你一定要不停地提醒自己，切莫发火。如果有可能，你可以找自己最亲近的人倾诉一番，或者找个机会把心头郁积的火气发泄一下（比如在一个空旷无人的地方大喊大叫一番）。千万别带着这种郁闷烦躁的情绪去工作，否则你的下属将会遭殃，他们也会因此而丧失对你的信心。因为你连起码的自控能力都没有，就更不用说成为优秀的管理者了。

精神烦躁，心绪不宁甚至坐立不安是繁重劳动的负效应，这是很正常的，你不要因此而以为自己是成就不了大事业的人。遇到这种情形，最重要的是你要先设法使自己平静下来，而后才能考虑其他事情。作为一个成功的管理者，不能靠情绪统驭你的下属，而要依靠你的头脑、智慧及你的分析能力。

下属们所怕的不是你狠狠地责备他们，而是不给他们以表现自己的机会。所以，对于下属，责备、批评和承认、赞赏同等重要。责备和批评能够激发下属改进的热情，而承认和赞赏则恰恰能激发下属创新和进取的欲望。古代有许多杰出的军事家和领导人物，一方面他们有着卓越的指挥作战才能，另一方面也有着高超的统驭下属的能力，这些下属肯为他们做一切可以做的事情，甚至牺牲自己的生命。关键是他们能够融情于理、于法，法情并重，情理并重。

## 当严必严，杀一儆百

有时候，属下犯的错误非常严重，你必须执行某种形式的惩罚。当你必须用到惩罚时，你就用，不要犹豫。拖得越久，对你和应该受惩罚的人来说，日子就更难过，也越容易使别人误解你的惩罚不公平。

惩罚时，通常要附带某种形式的纠正行动，假若你惩罚的目的只为防止未来，那你应谨记主要的防止未来因素，而不必太过严厉。

在十七世纪的英国，拦路打劫的惩罚是处死，到了今日，同样的罪只不过是几年徒刑而已。不过，按照比例来算，拦路打劫的事反而更少了，原因是在今天被抓到的概率也要高得多。

在美国，抢劫的比率却越来越高，其中的原因很多，不过绝不是因为惩罚降低了。在美国的抢劫罪从来不是死刑，如今抢劫增多，乃是因为破案率还是和以往一样低。

惩罚的一个重要含义不只是为了惩罚而惩罚，而是要达到惩罚的目的。

在拉丁文字根里，"惩罚"的意义就是"教导"。惩罚的轻重全视领导者想"教导"对方的程度。假若你要团体中的成员尊重他们的领导人并尊重自己，要求他们做事达到最高标准，这是要靠慢慢教导，并不是一蹴可就的。你无法平日放松，一下就要求严格。

华盛顿曾说过："使人达到适当的服从，并不是一朝一夕可以成功，甚至也不是一月一年之功。"华盛顿明白，要培养一个团体的高标准纪律，乃是件极其艰苦的工作，需要花费很长的时间才能达成。

但他还未说出另一件事，那就是一个团体的纪律已经败坏，要想重整比新建还要难上几十倍。这就是为什么有些军事将领和民间领导干部被调职的原因。因为旧领导干部不能维持团体高度标准的纪律，只有换新领导干部来扭转乾坤。只有新领导干部也许有希望建立坚强的纪律，重建这个团体；旧领导干部通常已无能为力。

假若你的团体纪律已在走下坡，那你该怎么办？首先你应该使自己成为一个高标准的模范。你别指望你自己做不到，而能要求属下维持高标准的纪律。

第二步，找出某个范围来，先集中全力整顿这方面。

譬如说，你的团体每天午餐时间是规定一个小时。多年来大家全是拖拖拉拉的不遵守，有的人不但超过一个小时，甚至快两小时还未回到办公室。

假若你是新来的领导者，你可以同时做许多新的改革，假若不是，你就无法如此做，首先只专门解决一个问题。

你应将为什么这种现况无法接受的理由全部列出来。譬如说：这对公司是一种欺骗，这是不敬业，客户商谈业务会找不到人，团体形象遭到破坏，为按钟点计酬人员及年轻领导干部做不良示范等等。

然后你应下决心惩罚那些再不遵守公司规定的人。这可以用罚薪或是留职察看等等方式，到必要时你也应不惜开除人。这全看你的意思，但要注意绝对公平合理。

同时你也应将整个情况衡量一下，大家都将午餐时间拖长，是否有它的原因？要如何来处理？你考虑事情是否完全周到？

等一切都准备好以后，你可以召集全体人员，当面告诉他们这个问题和解决的办法，你还应该有回答任何问题的心理准备。假若你明白你自己要讲的是什么问题，属下才会明了你是对的，然后他们才会支持你。事实上你会发现到，看到你这样做，那些平日守规矩的人一定很高兴。他们会觉得多年来有很多人都拖延午餐时间，相对来说，等于是掠夺了守规矩的人的时间，加重了他们的工作负担。

等到你解决掉这个问题，接下去再解决另外一个，这样做事情会进行得顺利得多。当然，你会希望尽快使整个环境改观，这是应有的想法。但反过来说，你要是操之过急，在纪律松弛已久的情况下，你会引起太多的怨恨。这种怨恨反而会影响你的改革，引发其他许多问题。

但是，不管你要作任何改变，一旦开始，就要往正确方向继续迈进。当汤马斯·惠曼（Thomas H.Wyman）接管绿色巨人公司（The Green Giant Company）时，这家公司的年营业额是四亿二千五百多万美元，但他发现到公司文化太散漫，你如何去惩罚一个公司文化呢？惠曼说："事情并不太复杂，假若要在下午四点召开一个会议（会议时间显然需要一到两个小时），这样就是开始向他们传达讯息了。或者是五点钟时留张便条在某个人的桌上，告诉他没见到他感到很遗憾，第二天你可以找他要资料。你应明白规定工作完成限期。你应迅速答复自己的信件。"

**协调本领：左左右右都畅通**

## 协调你的左右手

仔细观察那些成功球队的动作，你也许会感到惊奇，他们共同完成一项任务，看上去是那么轻松容易；他们的动作配合得如此完美，使你看起来觉得整个球队像一个人在行动。

你也许会想："孩子，这没有什么困难，我也能够做得到。"假若你有机会参加同样的运动，或者是教练一群年轻人，你也许会想试着像你所见到的专家那样玩法。到时候，你就会知道，要使一个团体那样协调合作是一件多困难的事。

这种协调合作可以出现在任何场合，并不只限于运动队伍。在军队中，这类行动出现在每天的日常生活中，不管是在飞机上、军舰上、战车中，或者是在炮兵和导弹指挥中心和野外战斗演习。这些动作真是奇妙，不但每个人似乎都知道该做些什么，而且还知道如何配合状况转变，以及和别的成员及别的团体配合。结果是，经由整体协调合作所产生的效果，远超过全部个人行为所加起来的总和。

　　彼得·杜拉克在一家运作完美的医院也发现到同样的现象：医师、护士、X 光技术人员、药剂师、病理学者以及其他的卫生人员，全都集合起来工作以完成一个目标。他常见到，因为一个急症病人，就动员了整个医院所有部门。这时候分秒必争，整个系统中稍有差误，衔接不上，就会丧失人命。同时，这里很少有一个人在发号施令指挥，或者是加以严密管制，这个医疗小组几乎是纯自动自发地协调合作，按照一般的计划和作业程序，在一位医师的要求下展开行动。这和在球场上所见到的协调合作一样使人惊奇。

　　在所有行业中，协调合作都是非常重要的。若干年以前，美国空军对战略空军司令部的轰炸机机员作了一项研究。大家都知道，飞行员的动作是可经由飞行经验加以改进，而这是能用飞行时数来衡量的。这些科学家想明白的是：增加飞行经验对某一架飞机成员的运作有什么影响。他们认为，飞行经验可以增进个人的运作能力，对一架飞机整个成员的运作也理应如此。结果事实上也是如此，不过整体飞行比增加个人飞行经验，在增进运作能力的效果更为显著。

　　以色列陆军作过一次有趣的研究，结果同样证实出协调合作的重要性。他们分析以色列士兵在戈兰高地及以色列北部战斗行为后发现：战斗行为的品质和整体协调合作有极大的关系，而和个别士兵的素质关系反而不大，甚至个人对战争目标奉献的决心，也不及协调合作来得重要。

　　美式足球名教练法兰克·李希，第二次世界大战期间曾担任过美国海军军官，参与了著名的"硫磺岛战役"。他指挥过数以百场计的美式足球比赛，大多数都是他自己率领的球队。他在沉思以后说了这么一段话："我在球队中所见到的渴望胜利的热情，正是我们陆战队成功登陆硫璜岛同样的精神。"

## 协调好与上司的关系

当你觉得下属对你有不合理的期望与要求或是他对你的要求不理不睬，你一定十分不快。而你对上司也一定不怎么高兴，当然会觉得十分沮丧，这时你该如何是好？不用急！一定会有适当的方法来化解这些冲突，但首先你必须先分析一下上司的个性，再好好的回答下列各问题：

（1）你的上司是喜欢你书面的建议还是突然地造访，或者是你正式地求见？

（2）你的上司是喜欢和你逐条详细讨论，还是只就重点而简短地讨论？

（3）你的上司是处于被动的地位还是希望主动而有建设性地和你沟通？

（4）你的上司对某些人是否有偏见？或是对某些人特别"照顾"？

（5）你的上司会接受负面的批评或只是希望听到"歌功颂德"的一面？

（6）你的上司是喜欢亲自动手去解决问题还是让你自己去解决？

（7）你的上司是什么事都对你说还是有所保留？

你的工作态度与个人风格是否与上司配合得来是一个关键性的决定因素。譬如说，你有一个十分沉稳的上司时，那你一定也要表现得不慌不忙才可以；如果你的上司凡事都要求速战速决，但你还是一副温吞水模样时一定会被他"修理"的。

摸清你的上司是哪一种人是第一步骤，接下去就是了解你是哪一种人，然后再看看该如何做才能符合他的期望以及做部属的应如何面对，才能讨到他的"欢心"。

搞好你们两人的关系是你们共同的责任，谁也不能推卸。另一方面，你也要明白他有他的工作压力，他也要面对他的上司。

当你的上司对你有所不满时你就要注意了，如果他的不满是合理且正当的，那你就好好地感谢他一番，然后再告诉他如何改进这个缺点；但如果他是毫无道理对你乱发脾气时，也应该这样说，但一定要解释说你了解他的苦衷与沮丧的心情，但不应该毫无道理地发泄在你身上。当然，最重要的是你必须乐于和他一起思考如何解决这个问题。

当一个领导干部就像做父、母亲一样，是一种技巧，也是身为导师，身为教练，身为领袖以及身为权威人物的一种气质与倾向。为什么有些领导干部比另外一些领导干部称职呢？每个人都有他的优点与缺点，如果你不能改善与上司间的关系时，你该换老板了，除非你的工作能让你一辈子保证不和他接触，否则我劝你还是另起炉灶——换个工作算了。

## 个别谈话是协调上下级

关系的有效手段个别谈话的定义是一对一的协商，在这类的协商中，你可以检查属下的工作成绩是好是坏，同时也可以发现他有些什么困扰和高兴的事，有时候你还可以发现很多出乎你意料的东西。个别谈话，再加你到现场视察，这可以让你深入了解团体的健康情形。

但在作个别谈话时，有项重要因素你不能忽略。第一是选择最适当的时间，第二是在个别谈话中你到底想谈些什么。

很多机构要求领导干部按时和所有员工作个别谈话，通常是一年一次。定期作个别谈话是不错的，你和你作个别谈话的人，都知道个别谈话的时候到了，就可以预先做准备。对那些平日沉默寡言的领导者或追随者而言，定期作个别谈话可以保证双方有机会说话。不过，定期作个别谈话虽好，但还嫌不够。

　　以下是柯汉初入工商界的领导经验。柯汉雇请了一位年长的人，他在这方面的经验远超过柯汉，在各方面来说，他都做得很不错，不过有一样不好：他常弄得柯汉下不了台。当柯汉分配他工作时，无法指望他会按规定的期限完成，责备他也没有用。在其他方面，他都表现得很好；他会按照柯汉的吩咐做事，态度也相当恭敬，但要是想让他完成一项要求的计划，总需要三催四请。你无法让他独自工作而不误了期限的，而柯汉又没有时间去让他尝尝误了期限的"教训"。

　　柯汉想和他特别作一次个别谈话，好好讨论这个问题，可是总抽不出时间来，柯汉似乎老是这么忙碌。柯汉想到在他到职六个月后，他的起薪必须作检查，这时候一定得和他作次个别谈话；柯汉决定利用这次机会和他作次深刻的讨论。他年纪比柯汉大，经验比柯汉丰富，也许他能找得出某个解决办法。

　　然后，检查薪水的日子来了。现在柯汉又有了一个问题：他工作做得很好，假若给他加薪，而他这种拖泥带水的毛病还是不改，等于是承认他这个既成事实，他更是不会改了。

　　因此柯汉决定，由于他这个毛病，建议不给他加薪。不过，柯汉同时加上一笔，在九十天以后再做薪资检查。

　　在作个别谈话时，柯汉问他是否分配给他的工作太多，他说没有。柯汉向他解释为什么不能给他加薪，同时也告诉了他补救的办法。另外向他提出几种按时完成工作的方法。他听了大感意外。他说，他一直在等柯汉催他；他以前工作的公司用的就是这种作业程序。

就这样，柯汉没费多大力气就将他的毛病改正过来。在这次个别谈话以后，每次他都是按期限完成交代的任务。在九十天期满，他毫无困难地获得加薪。工作相处再也没有什么困难。

在这件事上他是白白浪费了六个月的时间，才将状况扭转过来。他发誓以后不再容许这类的情形发生。的确，自那以后再也没有发生过。

除了属下要求和你作特别个别谈话以外，在下列的各种时机你应该找他作个别谈话：

①工作不力时。

②你想就某件事听取意见时。

③你认为可以协助他时。

④你想检讨过去行动或计划作为经验时。

⑤你想对未来行动提出建议时。

⑥确定有某种问题发生时。

⑦其他任何你认为有沟通必要时。

有些领导者认为，个别谈话是一件轻而易举的事，用不着什么筹划。这是一种非常错误的想法。你应该视个别谈话的目的，明白地将要讨论的项目预先列出来。以及有哪些问题是要问的。

当然，你也得准备坦诚地回答对方所提的任何问题。此外，你本身也不要怕提问题。

美国前纽约市长柯奇每到一个地方都会问别人："我这个市长干得怎么样？"他并不是每次都得到肯定的答复，但每个答复对他来说都是

可贵的资料，使他能明了他和他的属下在治理纽约市的政务中有哪些是
对的，哪些是错的。

皮利少将也建议一个领导者在作个别谈话时，应问下列的这些
问题：

①你对团体哪些方面最感满意？

②周围环境你对哪些方面最感厌烦。

③你对团体有什么改进意见？

④对团体中现有的哪些政策、策略、分支机构、制度或类似的事物
应该废除？要采取何种计划步骤：立刻废除？明年废除？还是五年中逐
渐废除？等等。

⑤依你的判断，在这个团体里谁最具创造才能、最乐于助人和最肯
合作？

⑥你在这个团体服务，个人有什么目标？

⑦下一步你喜欢在何处做何种工作？

⑧你自认为最大的缺点是什么？

⑨目前你是否正在实施改进自己的计划？

⑩你认为自己下一步是否有晋升的机会？在什么时间以内？

⑪我的领导方式和决定，有哪些使你最不满意？

⑫最浪费你时间的是哪三件事？

⑬你为团体订下了哪些目标？

请评估过去六个月中整个团体你所属部门或你所领导单位的业绩。
请指出最高和最低成效期间。

请注意，皮利将军所列出的问题，也许对你的团体有些适用，有些

不适用，所以在应用时应考虑到你的团体的特性。

有这样一位成功的领导人，他每次接管一个团体时，都是用的同一种个别谈话方式。他会问每个属下："你的工作情形怎样？""有什么困难？我如何能帮助你？""我用什么办法可以使你的工作轻松些？"看来，这几个问题已经成了他的看家本事了。

个别谈话使你和属下有机会畅所欲言，不必顾忌，而且不会毫无意义。只要你的个别谈话运用得正确，你可以发掘出属下内心深处许多你以前所不知道的东西。《圣经》上有句话说："祈求，你就会得到。"在进行个别谈话时，这句话是很好的建议。

## 协调与内部关系的重要性

协调是领导艺术中至关重要的成功之道。

大约在 1973 年，台北有位医生，颇有资财，行医之余，亦想经商。他从国外取得一种极有功效的胃药在台湾地区的代理权，欲在省内行销。他虽然拥有如此优良的产品，但对销售却一窍不通。经朋友介绍认识了几位专跑西药房的业务员，这几个业务员不但年轻而且学历亦很高，对发展事业更是雄心勃勃，双方在极富诚意的条件下，可说一拍即合，各自出资若干组织公司，并共推这位医生任董事长，几位业务员则分别担任企划、业务经理及各区的负责人。

这几位年轻人年富力强、干劲十足，又颇有现代经营的观念，且对开拓市场有其独到的手法。所以产品上市不到两年，不但产品知名度高而且行销渠道健全。加上产品品质优异，价格公道，受到广大消费者的欢迎，业务蒸蒸日上，使公司盈利增加，组织扩大，几位股东莫不笑得合不拢嘴。

可是好景不长，公司因为赚钱所带来的虚骄，使得董事长与干部之间，日增不和。双方在经营管理上的看法不同，摩擦及异见，使得公司上下呈现不安与不和谐的气氛。

站在董事长的立场来看，开拓市场并不是一件困难的事。这项产品是我引进的，出的钱也是我最多，赚钱当然我应分享最多。何况现在产品的销售如日中天，在消费者心目中已建立起信赖感与权威感，有没有你们这批干部，对公司来说已无足轻重。

可是以这批干部的立场来说，尽管董事长确有眼光引进该产品，出的钱也最多，但是如果不是我们这些人的策划开拓，哪会有今天的成果。因此除了成就感以外，当然想要多一些实质的利益，可是如今董事长似有过河拆桥之意，自然愈想愈不值得，愈想愈不甘心。

由于双方立场各异，各怀鬼胎，摩擦遂愈演愈烈，再加上人事安排的私心，愈增双方的误解与怀疑。于是乎，这几位干部相商之下，共谋私利，一方面私下自行进口该种药品，一方面在地下工厂制造仿冒商标的假药。

事情演变到这个地步，可说双方已各走极端，无法挽回，因内讧而决裂散伙已是不可避免的了。

合伙人决裂散伙并不是什么大不了的事，但是干部这一方，因私造假药仿冒商标而锒铛入狱，董事长这一方面则因市场上的伪药充斥而乏人问津，业务从此一落千丈，再加上同类产品乘虚而入，在无利可图的情形下，只好草草结束公司。

五年来双方惨淡经营，并获得成功的一家公司，就因为内讧而走上自杀之途，相信事后双方皆会有悔不当初之憾。

事实上，我们从客观的立场来分析这件事，双方皆有不是之处。裂痕初现的时候，如果各人都能站在对方的立场，稍作让步，相信事情绝不会搞到不可收拾，以致两败俱伤，让别人坐收渔利的。

## 协调要注意的四个环节

疏通、协调能力，主要是指妥善处理与上级、同级和下级之间的人际关系的能力。工作中新经理需要同各种各样的人打交道，而这些人的身份、地位、交往需求、心理状况和掌管的工作性质是不尽相同的。新经理能否与他们友好相处，互相配合，协调一致，使上下级相互沟通，同级相互信任，劲往一处使，直接关系到领导工作的成败。新经理需要花很多的时间和精力来处理各种复杂的人际关系。

如何妥善处理与上级、同级和下级之间的人际关系？我们认为，主要是把握好四个环节。

### （1）尊重

每一个人都有被别人尊重的欲望，尊重是对一个人的品格、行为、能力的一种肯定和信任。尊重别人也是一个人优良品质的表现，包括尊重别人的人格、言论、举止等等。尊重是相互的，只有尊重人，别人才会尊重你。相互尊重是疏通、协调各种人际关系最重要的一环。只有相互尊重，才能打消对方的疑虑，博得对方的信任。工作中，无论是和上级、同级还是下级接触，都必须尽力尊重对方，这是取得对方信任、帮助和支持的前提。

尊重上级，获得上级的信任和理解，避免和上级产生"心理屏障"，有效地协调上下级关系，是上级愿意积极帮助和支持下属工作的重要前提。尊重上级，首先表现在"服从"上，对于上级交办的工作要不折不扣的完成；对于上级提出的意见，即使你认为有所不妥，也应该用适当的方式说明，不能阳奉阴违；自己所作的决策和工作要尽量向上级汇报，让上级知道，不能处处"架空"上级。要让上级感到，在大政方针上，下属和其保持一致。既站在微观位置，考虑本职工作，又站在宏观位置，替领导出点子，想办法。

尊重同级表现在相互配合，相互信任。在工作上分清职责，掌握分寸，不争权夺利，不相互推诿责任；相互配合，不相互无原则指责，甚至相互拆台；严于律己，宽以待人，多看别人的长处，少看短处。对自己多看短处，少看长处。

尊重下级表现在支持下级和肯定下级的工作。对下级的意见和建议要认真听取、采纳；对下级所取得的成绩要及时肯定；尊重下级的劳动，对下级的工作要给予支持。

### （2）了解

所谓了解，就是应该尽可能周详地了解上级、同级和下级的长处和短处，并在工作中，扬其所长，避其所短。这是使对方避免感到"为难"、并能更加有效地给予帮助和支持的重要一环。

### （3）给予

在工作中，按对方最希望的方式，给予对方所希望获得的支持、帮助、信任……是很重要的。

上级最希望下级圆满完成自己交办的工作任务；同级最希望互相之间建立起一种携手并进的融洽关系，在亲密无间的友好气氛中进行良性竞争；而下级最希望获得的是上级的"信任"，在困难时刻的有力支持，受到挫折时的热情鼓励，以及取得成绩后的及时奖励。

（4）索取

任何领导人才，也不可能单枪匹马去开拓新局面。他必须尽可能取得上级、同级和下级的支持、帮助和合作。这就是说需要"索取"。

在争取上级支持时，不能随意、盲目地向上级提出这样那样的非分要求，要了解上级能够提供什么，愿意提供什么，切忌强人所难；在与同级要求配合时，要看这种配合是否给同级带来麻烦，是不是同级力所能及的；要求下级完成任务时，要弄清下级可能遇到哪些困难，单凭他的力量是否能顺利完成。

## 协调关系，左右逢源

人的成功与人缘有很大的关系，同样公司的成败与公司同各个角色之间的关系也有很大的关联性，人们称之为公司外部的公共关系，作为现代的公司应当具有强烈的公关意识，进而着眼于公司与社会的长远利益，为不断地塑造公司的良好形象而努力。这既是激烈的商品经济竞争的客观需要，也符合社会公众的根本利益。具体地说公司应首先与下列公众建立良好的关系。

（1）与供应商的关系

在公司的生产经营过程中，消费者的态度固然对公司顾客关系的状况发生决定性的影响，但与供应商的关系也切不可掉以轻心。

现代工业生产日益复杂，公司欲维持正常生产，必须依靠供应商提供原料、零部件、设备及能源等；现代商业旅游业同样需要供应商提供丰富、可靠的商品供应，否则，公司的业务就无法维持。不仅如此，供应商是否能够提供质优、价廉的商品、原料，还直接影响着公司产品或服务质量的优劣。另外，供应商还可以为公司提供有关市场、原料、商品、价格、消费趋势，以及商品动态等一系列宝贵信息。由此可见，与供应商维持良好的关系，是提高公司效益的重要手段之一。

现代公司经营特别强调公司与供应商之间建立互惠互利、密切合作的关系，甚至提出一些具体原则，如：双方在物资管理方面互相合作与共同负责；双方既应独立自主，又须尊重双方的自主权；双方实施共同的管理标准，以使相互关系和谐融洽；双方的商业活动，应经常考虑到消费者的需要，等等。

公司与供应商的关系，主要靠采购人员维持。因此，公共关系部门需要特别重视训练采购人员，通过他们去建立良好的供应商关系。此外，还应积极推进公司与供应商之间的信息交流。双方之间的信息交流方式包括：私人访问、举行招待会、接待来访、举行座谈会、招待供应商来厂参观等，还可以利用印刷及视听交流工具，如业务刊物、广告、年度报告、函件，以及各种有关公司政策、组织、人事、规章等内容的小册子，用以增进双方的了解与合作。

（2）与经销商的关系

现代商品经济社会，"市场"是一个全方位的概念。随着通信、运输及人们观念的现代化，任何行政的、地理的割裂都无法阻止商品的流通。在这种情况下，公司产品的销售就由原始的自产自销，转向更多地依赖于专职的流通部门。目前多数工业公司的产品销售方式，基本是两种：一种是直接销售，另一种是由经销商转手销售。诚然，直接销售有利于降低商品价格，更有利于收集消费者对产品的信息反馈。然而，对于大多数公司来说，仍然需要通过经销商销售其产品的绝大部分，甚至全部产品。由于经销商在把产品从公司转给消费者的过程中，起着十分重要的作用，因此与经销商的关系，就成为公司外部公共关系中的一个重要组成部分。

经销商肩负着产品销售的重任，因此，公司与经销商之间必须开诚布公、友好合作。良好的经销商关系，不仅有助于公司争取经销商的合作，而且可以促使经销商积极宣传、维护公司的声誉。当然，公司的产品质量优良、价格低廉、设计新颖、适销对路，并且供货迅速，这一切都是公司维持良好的经销商关系的根本保证。此外，公司还应该尽心为经销商提供各种便利和服务，如技术服务，定期为经销商举办产品使用、维修技术训练班，使他们了解产品性能；销售服务，帮助经销商改进经销方法；管理服务，协助经销商建立、改建商店、仓库，以及改进送货方法等。

促进公司与经销商关系，同样依赖于双方的信息交流，公司应向经销商阐明本公司的基本经营情况及产品性能，使之了解公司的生产能力和潜力，做到心中有数，敢于大胆经销公司的产品。公司也要经常征询经销商对产品性能、价格、销路等方面的意见，通过接触增进感情交流，从而使双方建立起良好的合作关系。

（3）公司与消费者关系

这里所讲的消费者，是指公司产品或服务的受益者，它可以是个人，也可能是某个社会组织。在商品经济十分发达的国家，对公司来说"消费者是皇帝"，这是个不可动摇的经营观念。这个观念与公共关系的基本精神是一致的。因为公司对外公共关系的主要对象就是广大消费者，所以，必须使公司一切行为都以消费者的利益为出发点，而这正是许多成功公司的秘诀。

对于消费者来说，购买商品仅仅是消费的开始，而消费则是一个过程，从付款提货、包装运输、搬运安装、故障维修直到报废，整个过程的各个环节都存在着消费者与厂家的关系。要形成良好的消费者关系，公司必须从整个消费过程来考虑，为消费者提供优质的产品、热情的服务、进行消费跟踪及处理纠纷等。

优质的产品是良好顾客关系的物质基础。顾客关系是由购买产品而形成的，如果公司不能提供令消费者满意的产品，则顾客关系就不可能稳固。因此，公司必须根据消费者的需要，提供物美价廉的产品。

公司能否为消费者提供令人满意的售后服务，也是处理好消费者关系的重要方面。现在许多公司对出售的产品普遍实行"三包"（包修、包换、包退），这比起以往"货一出门，概不负责"的做法，的确是进了一大步。但它离使顾客真正放心和满意这一要求还相距甚远，只能让消费者抱有"生病可治"的信心。

纠纷处理，就是要调解公司与消费者之间的矛盾或误解。在处理纠纷时，态度要诚恳，对于消费者提出的问题应迅速答复和处理。

只有把这些关系处理好，你的公司才可能成为成功的公司。

## 协调好与同事的关系

你的工作责任是创造一个有效率的工作环境，那就是表示你的部属一定要有效率地工作，也只有这样你才能完成你的工作目标，也只有这样你的部属们才能愉快地在一起工作，并且没有什么可怕的流动率，更不须因训练新进员工而疲于奔命。

你只要与部下充分沟通、充分了解他们，以及了解他们之间的冲突，能够达到这样的理想。能与部属们充分沟通的领导干部一定会仔细聆听部属们的抱怨与建议，不放过任何小小的抱怨或不满，可能的话，还要处处表现出他对部属们的关怀与照顾。了解部属就是不断地询问他们，看看有没有人需要帮助，不放过任何一个细枝末节或线索（如他们用力地关门、摔工具、大声吼叫或迟到等等），然后再在事情恶化（特别是影响到其他部属时）之前加以解决。没有一个领导干部希望自己有不胜任的部属，因为一个有问题的部属往往会影响到其他的部属，造成不愉快的工作环境。如果你有两个部属一直不停地在斗嘴，首先你就要看看是什么原因，是他们彼此开开玩笑或是彼此认真且造成相当程度的伤害？如果是后者的话，你就要充当调停人或仲裁者这个角色了。

有些人十分害怕冲突，认为这必须绝对禁止以免造成伤害而付出痛苦的代价。但另外也有些人认为这是一种良性的争执，而且可以借着化解冲突的过程中得到满足的成就感，你认为你是哪一种人？

事实上并非所有的冲突都是坏事，有时候就是需要不同的观点彼此撞击才可发出改进的火花。如果有一天当组织的人们都可自由表达自己的心声或喜恶，那整个组织必会因为多元化而受益。我们如果表面上意见完全一致，则不会有任何的进步，也没有任何创意与改良，更不用说彼此之间互相学习勉励了。譬如你的两个部属对某个问题见解不一时，你该怎么做呢？我想你首先必须表达你的感谢之意——感谢他们对这个问题的关心，然后再请他们将彼此间的见解协调与折中一下，或是仔细探讨一下到底是谁的方案比较好？

如果你看到"部属"在起冲突时，你就要注意聆听他们彼此之间的抱怨了，这种会谈一定要在私底下进行，且对方绝对不可在场。当他们情绪高亢时，往往会口不择言地冲口说道："我以后再也不会发表任何意见了！"当然，这只是他的气话，你千万别当真。如果部属能够和你谈谈他们的感觉，那是最好不过了，因为这可以适当地纾解他们心中的压力。当一切都平息下来后，再决定他们双方该如何做才能符合公司整体的目标与理想。

虽然你不能企望他们彼此拥吻一下，然后将一切误会消除，但一定要告诉他们，不论他们的感觉如何，都应像成熟的人一样维持良好的风度。因为你是他们的领导干部，你有权力订出"游戏规则"，这里有一些"规则"可以供你参考，如不准直呼对方名字，不许对对方的工作采取消极抵制的态度，不能拒绝对方的合作或是不准以任何理由采用暴力。

在这种情形下，有一个蛮危险的问题，那就是其他的部属也会参加这场"战斗"，你同时也可以发现其中有一些人会警告另外一些人，除非这时你能明显地分出谁对谁错，否则千万别"加入"他们，另外还要有所坚持——组织内的工作必须及时完成，不容许丝毫折扣。如果你在私底下的场合中或是工作场所以外的地方进行疏通工作的话，他们或许可以化解彼此间的冲突，此外，你应以大公无私的胸怀去说服他们彼此容忍对方的观感。

此外，让他们彼此从对方的立场去设想或是干脆让他们角色互调，这样有时也会消除彼此之间的冲突。

一般人总是孩子气地为一些琐事彼此纠缠不休，但千万别忽略了这种冲突的严重性，虽然在任何组织里都无法避免冲突的发生，但你一定要让部属们了解，他们应该如何去面对这种冲突，如何去处理这种冲突，以及如何去解决这种冲突。

## 协调同级关系的五种绝招

工作中，在协调同级关系时，有五种绝招值得借鉴：

1. 重组。有时候，同级提出的处理非程序问题的意见，之所以行不通，并不在于意见本身一无是处，而在于意见中的个别要素排列位置不尽合理。这时候，只需将这些要素调换一下模式，变换一下结构和顺序，就会产生新的结果。

2. 移植。有时候，将自己的或同级的某一"搁浅"的建议，移植到另一个工作领域，用来处理某一特定的非程序性问题，往往会收到意想不到的奇效。

3. 变通。将同级提出的看似难以实行的处理办法，稍加变通，诸如"放大"、"缩小"，或者变换其中的某一要素，有时往往会成为令人惊讶的理想处置方案。

4. 杂交。生物之间的杂交，可以产生良种。同级之间的不同意见和想法，通过"杂交"，也能产生创新思维，促使一种全新的工作模式和同级之间新型的协作关系诞生。

5. 综合。对于同级提出的处理非程序性联系的某些不尽完善的主张和建议，可以将自己的和其他同级的合理意见，加以综合，最终形成新的处理意见。

运用创新思维，是立志成才的主任考虑和处理新时期同级之间的工作配合、建立新型的工作模式和非程序性联系的必不可少的领导艺术和工作手段。对此，应该予以足够的重视。

**表达艺术：会说话一定动人心**

## 不断提高自己的语言技巧

有一位商业界的领导，除了做生意之外，他的成功更是企业团体争相仿效的对象。因此，除了生意往来之外，他还经常受邀到各地演讲。尽管工作及演讲活动是如此忙碌，他还是把自己的生活安排得井然有序。

然而，在35岁那一年，医生对他宣布："你得的是突发性肾炎，这是由于疲劳过度所引起的疾病。你必须暂停工作一阵子！"因此，在这之后的一个月，他暂停了所有的演讲工作。但就在这一个月的休息时间里，他的工作全被打乱了。

一个月之后，这个人接到某工商协会的演讲邀请。在演讲前夕，他在自己面前放了一台录音机，然后请太太坐在对面，"即使只有一位听众，也可以试一下是否有要改进的地方。"然后就开始模拟演讲，听过模拟的录音带之后，他发现了两个缺点。

一是"嗯！"这样舌头打结的声音，听得非常清楚而刺耳。在一句话与一句话之间，这种接不上来而发出的迟疑声，在听众听来非常刺耳。"即使是下意识所发出的声音，但对于一位职业演讲者而言，也未免太丢脸了！"

二是"啊！"的语尾助词太多了。适当的语尾助词有美化语句的作用，但太多的语尾助词听众非但感受不出柔和，反而会觉得："这个人说话的语尾助词，也未免太多了吧！"

现代人愈来愈重视说话的技巧，市面也出现了不少有关如何增进说话技巧的书籍，不少业务员都有阅读过这一类书籍的经验。然而，却很少有人在看了书之后实际地练习，并利用镜子来检讨自己的缺点。所谓的镜子还包括了反映声音的镜子——录音带，这也可以称之为"声音的镜子"。

利用"声音的镜子"有下列两种方法：

一是利用小型的录音机。这种袖珍型的录音机可以放在公事包内，随时录下实际与顾客的对话以供事后检讨。或许在刚开始的时候你会因为正在录音而有些不自在，但投入工作之后就会忘了它的存在。事后听听自己的说话方式，就可以发现自己有哪些需要改进的地方。

二是在自己的家中对着镜子，把当天进行过的对话重新表演一次，并录音检讨。

说话的技巧必须由长期的经验累积，不是靠读书，或参加研讨就可以学到的。但是，不可以因为这是件很困难的事就不必用心学习。除了学习及记住一些技巧与原则之外，更重要的是要善加利用"声音的镜子"来自我检讨。

## 拿出高水平的谈话技巧

领导和员工的谈话主要有四种功能。一、监督功能——借以获取管理工作进展的详情，监督各部门执行领导决定。二、参与功能——借此研究执行决定过程中发生的问题，探讨和寻找解决办法，使领导由"观察"地位进入参与地位。三、指示功能——从中传递上级指示或本人决定。四、悉人功能——由此接触工作人员，了解他们的各种心理品质，做到谙人知心。那么，领导应如何同他的员工谈话呢？

### （1）要善于激发员工讲话的愿望

谈话是领导和员工的双边活动，员工若无讲话的愿望，谈话难免要陷入僵局。因此，领导首先应具有细腻的情感、分寸感，注意说话的态度、方式以至语音、语调，旨在激发员工讲话的愿望，使谈话在感情交流的过程中完成信息交流的任务。

### （2）要善于启发员工讲实话

谈话所要交流的是反映真实情况的信息。但是，有的员工出于某种动机，谈话时弄虚作假，见风使舵；有的则有所顾忌，言不由衷，这都使谈话失去意义。为此，领导一定要克服专制、蛮横的作风，代之以坦率、诚恳、求实的态度，并且尽可能让对方在谈话过程中了解到：自己所感兴趣的是真实情况，并不是奉承、文饰的话，消除对方的顾虑或各种迎合心理。

### （3）要善于抓住主要问题

谈话必须突出重点，扼要紧凑。一方面，领导本人要以身作则，在一般的礼节性问候之后，便迅速转入正题，阐明问题实质；另一方面，也要员工养成这种谈话习惯。要知道，多言是对信息实质不理解的表现，是谈话效率的大敌。

**（4）要善于表达对谈话的情趣和热情**

正因为谈话是双边活动，一方对另一方的讲述予以积极、适当的反馈，能使谈话者更津津乐道，从而使谈话愈加融洽、深入。因此，领导在听取员工讲述时，应注意自己的态度，充分利用一切手段——表情、姿态、插话和感叹词等——来表达出自己对员工讲的内容感兴趣和对这次谈话的热情。

在这种情况下，领导微微地一笑，赞同地一点头，充满热情的一个"好"字，都是对员工谈话的最有力的鼓励。

**（5）要善于掌握评论的分寸**

在听取员工讲述时，领导不应发表评论性意见。若要作评论，应放在谈话末尾，并且作为结论性的意见，措辞要有分寸，表达要谨慎，要采取劝告和建议的形式，以易于员工采纳接受。

**（6）要善于克制自己，避免冲动**

员工在反映情况时，常会忽然批评、抱怨起某些事情，而这在客观上又正是在指责领导自己。这时领导要头脑冷静、清醒，不要一时激动，自己也滔滔不绝地讲起来，甚至为自己辩解。

**（7）要善于利用谈话中的停顿**

员工在讲述中出现停顿，有两种情况，须分别对待。第一种停顿是故意的，它是员工为探测一下领导对他讲话的反应、印象，引起领导作出评论而做的。这时，领导有必要给予一般性的插话，以鼓励他进一步讲述。

第二种停顿是思维突然中断引起的，这时，领导最好采用"反响提问法"来接通原来的思路。其方法就是用提问的形式重复员工刚才讲的话语。

**（8）要善于克服最初效应**

所谓最初效应就是日常所说的"先入为主"，有的人很注意这种效应，并且也具有"造成某种初次印象"的能力。因此，领导在谈话中要持客观、批判性的态度，时刻警觉，善于把做给人看的东西，从真实情形中区分出来。

**（9）要善于利用一切谈话机会**

谈话分正式和非正式两种形式，前者在工作时间内进行，后者在业余时间内进行。作为领导，也不应放弃非正式谈话机会。在无戒备的心理状态下，哪怕是片言只语，有时也会有意外的信息。

## 说出你的特色来

无论你谈论什么样的话题都应保持说话的语调与所谈及的内容相配合。

（1）注重自己说话的语调——语调能反映出你说话时的内心世界，你的情感和态度。当你生气、惊愕、怀疑、激动时，你表现出的语调也一定不自然。从你的语调中，人们可以感到你是一个令人信服、幽默、可亲可近的人，还是一个呆板保守或具有挑衅性或好阿谀奉承或阴险狡猾的人。你的语调同样也能反映出你是一个优柔寡断、自卑、充满敌意的人，还是一个诚实、自信、坦率以及尊重他人的人。

（2）注意你的发音——我们所说出的每一个词、每一句话都是由一个个最基本的语音单位组成，然后加上适当的重音和调整。只有清晰地发出每一个音节，才能清楚明白地表达出自己的思想。

（3）不要让发出的声音尖得刺耳——我们每个人的音域范围可塑性很大，有的高亢，有的低沉，有的单纯，有的浑厚。说话时，你必须善于控制自己的态度。

有时，当我们想使自己的话题引起他人兴趣时，便会提高自己的音调。有时，为了获得一种特殊的表达效果，又会故意降低音调。但大多数情况下，应该在自身音调的上下限之间找到一种恰当的平衡。

（4）不要用鼻音说话——当你用鼻腔说话时，发出的声音让听者十分难受。在日常生活中，我们经常听到"姆……哼……嗯……"的发音，这就是鼻音。如果你使用鼻腔说话，第一次见面时绝对不可能引人倾慕。你让人听起来似在抱怨、毫无生气、十分消极。有些人将"哼嗯"这种鼻音视为一种时髦的说话方式，但如果你想让自己所说的话更具吸引力和说服力，如果你期望自己的语言更加富有魅力，就尽量少用或不用鼻音说话。

（5）控制说的音量——当你内心紧张时往往发出的声音又尖又高。

语言只是一个人交流的工具，声音的大小与语言的威慑是两回事。不要以为大喊大叫就一定能说服和压制他人。声音过大只能迫使他人不愿听你讲话而讨厌你说话的声音。与音调一样，我们每个人说话的声音大小也有其范围，试着发出各种音量大小不同的声音，并仔细听听，找到一种最为合适的声音。

（6）充满热情与活力——响亮而生机勃勃的声音给人以充满活力与生命力之感。当你向某人传递信息、劝说他人时，这一点有着重大的影响力。当你讲话时，你的情绪、表情同你说话的内容一样，会带动和感染你的听众。

（7）注意说话的节奏——节奏，即说话时由于不断发音与停顿而形成的强、弱有序和周期性的变化。在日常生活中，大多数人根本不考虑说话的节奏。而说话时不断改变节奏以避免单调乏味是相当重要的。

每一种语言都有其自己独特的重音和语速。法语不同于德语，英语不同于西班牙语，汉语又不同于英语。人们容易认为，诗歌与散文的节奏有很大差别，其实两者的相对区别则在于一种规则与不规则的重读上。诗歌具有规则的、可把握的重音，散文的形式则是不规则的。人们处于一种压力之下时，他们便不由自主地使用一种比散文更自由的节奏讲话。

（8）注意说话的速度——在语言交流中，讲话的快慢将不同程度地影响你向他人传递信息。速度太快如同音调过高一样，给人以紧张和焦虑之感。说话太快，以至于某些词语模糊不清，他人就无法听懂你所说的内容。

在人际交往中，说话是很讲究的，如果速度快了，会给人一种浮躁的感觉，但如果太慢，又会给人一种迟钝，或过于谨慎的感觉。因此，保持恰当的说话速度，不要太快也不要太慢，并在说话时不断地调整。当你想和别人交谈时，选择合适的速度以引起他人的注意。在任何情况下都不能吞吞吐吐，如果这样，你除了被冠以"思维迟钝"之外，也许还会被认为是个傻瓜。偶尔的停顿无关紧要，但不要在停顿时加上"嗯"或紧张不安地清一下嗓子。

## 话不能乱说

一言可以兴邦，一言可以丧邦，所以老于世故的人，对人总是唯唯诺诺，可以不开口的，就情愿学金人之三缄其口，实行其"庸人之谨"。比方他的隐私唯恐人知，你说话时偏在无意中说着他的隐私，基于言者无心，听者有意的道理，他会认为你是有意揭破他的隐私，恨你入骨。这是说话的第一忌。

他做的事，别有用心，他对自己的用心，极力掩饰不让人知，如果被你知道了，必然对你非常不利。你如与他向来熟悉，对他的用心知之甚深，他虽不能断定你一定明白，然而终究会对你感到十分疑惑与妒忌。你处于这种困难境地，绝不可对他表明绝不泄密，那你将如何自处呢？你唯一的办法，只有假装耳聋，若无其事，而这就是说话的第二忌。

他有阴谋诡计，你却参与其事，代为决策，帮他执行，从乐观方面说，你是他的心腹，从悲观方面说，你是他的心腹之患。你虽谨慎地保守秘密，从来不提及这件事，不料另外有智者猜中此事，对外宣告，那么你无法逃掉泄露的嫌疑。你只有经常接近他，表示自己绝无二心，同时设法侦察泄露这个秘密的人。这是说话的第三忌。

万一对方对你尚无深刻的认识，没有十分信任，你却极力讨好他，对他说极深切的话，假使他采用你的话，然而试行的结果并不好，一定疑心你有意捉弄他，使他上当。即使试行结果很好，他对你也未必会增加好感，认为你只是偶然看到，实行又不是你的力量，怎可以算你的功劳，所以你这个时候还是不说话为好。这是说话的第四忌。

他犯有错误被你知道，你便不惜声援正义，直言进谏。他本来就已觉得愧疚，唯恐旁人知情，你去揭破，他自然更觉惭愧，由惭愧而愤恨，由愤恨进而与你发生冲突，你不是凭空多了一个冤家？所以，即使告之，也应以婉转为宜，这是说话的第五忌。

对方成功乃计出于你，而他是你的上司，他则必会深恐好名声被你抢去，内心惴惴不安。你知道了这种情形，就应该到处宣扬，逢人便说，极力表示这是上司的善谋，这是上司的远见，一点也不要透露你曾经出了什么力。

对方不能做的事，而你认为应该做，就算强迫也要让他必须做到；对于某事，对方是箭在弦上不能不发，或业已骑虎难下，无法中止，但你认为这事不应该做，就算勉强也必须中止，像这种情形，都是强人所难。你勉强他一定要做，勉强他一定要中止，原本是善意，尽一分挚友之责，心地光明，无可非议。但事实已经如此，虽然勉强也不会有效。如果你在道义上，认为不该熟视无睹，不妨进言婉劝，使他自己觉悟，由他自己来发动，自己去中止，这才是上策。万一他不愿接受你的劝告，你也只好见机行事，适可而止，否则过于强求，只是徒伤感情罢了。

## 培养良好的谈吐

人类用来沟通的工具或媒介，包括语言、文字、态度、表情和姿态。其中最普遍、最有效的工具为语言，它占所有的沟通流量百分之九十以上。良好的谈吐，可以增进人与人之间相互了解，可以把彼此间的歧见，逐渐凝聚成为共同的意见。它代表一个人的精神、睿智和学识修养。更重要的是它能增长智慧，使你生活得快活。

国外有位名叫亚诺·本奈的小说家曾说："日常生活中大部分的摩擦冲突都起因于恼人的声音、语调以及不良的谈吐习惯。"此话说得颇有道理。何故？只要我们细察生活于自己身边的人就会发现，谈吐的缺陷往往可能导致个人事业的不幸或损及所服务机构的荣誉与利益，可能导致父子不和、夫妻离异乃至人际关系的紧张恶化。一个人的谈吐如何，往往决定企业是否愿意聘请他工作、与之交往，或是否愿意投他信任一票与之发生商业关系。

一个人如果谈吐有障碍或者表达能力不足，则会被人低估他的能力，会被人散播残酷无情的谎言，还会被人扭曲形象。一个人即使思想如星星熠熠生辉，即使勤奋得如一头老黄牛，即使知识渊博得像一本百科全书，但若缺乏良好的谈吐能力，则往往成功的机遇比其他人要少得多，也往往难以达到自己的理想目标。

平常说话有许多口头"敬语"，我们可以用来表示对人尊重之意。"请问"有如下说法：借问、动问、敢问、请教、借光、指教、见教、讨教、赐教等；"打扰"有如下词汇：劳驾、劳神、费心、烦劳、麻烦、辛苦、难为、费神、偏劳等等委婉的用词。如果我们在语言交际中记得使用这些词汇，相互间定可形成亲切友好的气氛，减少许多可以避免的摩擦和口角。

你和人相见，互道"你好"，这再容易不过。可别小瞧这声问候，它传递了丰厚的信息，表示尊重、亲切和友情，显示你懂礼貌，有教养，有风度。

日本人说话爱道"谢谢"。有人统计，一个在百货公司工作的日本职员，一天平均要说 571 次谢谢，否则他就不是一个好职员，有被解雇的可能。不管 571 次这个数字是否准确，但有一点须承认，顾客如果买了东西，营业员对他说声"谢谢，欢迎再来"，顾客不买东西，只是逛了一圈，仍对他说声"谢谢，欢迎光临"，相信你愿意光顾这样洋溢着温馨气氛的场所。

美国人说话爱说"请"。说话、写信、打电报都用，如请坐、请讲、请转告。传闻美国人打电报时，宁可多付电报费，也绝不省掉"请"字，因此，美国电话总局每年从"请"字上就可多收入一千万美元。美国人情愿花钱买请字，我们与人相处，说个请字，既不费力，又不花钱，何乐不为？

英国人说话少不了"对不起"这句话，凡是请人帮助之事，他们总开口说声对不起：对不起，我要下车了；对不起，请给我一杯水；对不起，占用了您的时间。英国警察对违章司机就地处理时，先要说声"对不起，先生，您的车速超过规定"。两车相撞，大家先彼此说对不起。在这样的气氛下，双方自尊心同时获得满足，争吵自然不会发生。

相形之下，我们有些人做得不够，马路上，骑车者碰倒了行人，有的骑车者会先发制人："混蛋，你怎么不闪开？"被撞者是受害方，自然不会让步，于是谩骂、厮打的事情发生。此时，如果骑车人开始真诚地说声"对不起，您没伤着吧"，被撞者再大度一些，结果会大不相同。

一滴甜蜜糖比一斤苦汁能捕获到更多的苍蝇，良好的谈吐，令人心花怒放，满面春风。

语言沟通与个人的人格特质关系密切。人格是一个人恒常固定的行为模式。现在针对如何改善语言的沟通，提出如下建议：

懂得赞扬别人。赞扬别人要对事赞扬，并表示真诚；

争辩是伤害人际关系和友谊的毒箭，多应用商量和协调，少逞强争辩；

说话不可武断，不说扫兴话。即使心有不快，亦不可借嘲弄来讽刺别人；

语气要温和客气，越是不满和激怒，越需要用温和与客气来处理，顶撞绝无好处；

避免采取教诫别人或碍于情面而勉强接受意见，那对彼此都无好处。要平心静气讨论问题的本身，而不能毛毛躁躁地攻击对方的自尊；

要学会聆听，仔细地听，欣赏别人的意见，并测量它究竟与自己的意思相差多远。要常常提醒自己，一定有一个更好的答案，夹在两者的中间；

当你感觉到受激怒时，应该说"让我想想"，争取短短的十几秒钟，让自己不说话。你的心思会有时间和空间来做休息，激动的语言就不致脱口而出；

少使用批评的语句，多解析事情的真相，先谈彼此同感的事情，让对方一开始就说："不错！不错！"接二连三地提出对方认为正确的部分，又次次赞同他的论点。最后，使对方不知不觉地同意几分钟前还坚决否定的结论。千万不要直接告诉他他的错处，而要平心静气引导对方赞同自己的结论。

今天，说话的作用，在个人成长和工作中日渐重要；良好的谈吐，是你在社会上获得成功的有效方法之一。

随着我国经济建设和改革形势的日益发展，通过谈话或演说来展示自己的能力、策略水平是很重要的一环。如果一个人满腹治业韬略，胸有雄兵百万，却"茶壶里煮饺子——有货倒不出"，便很难取得成功。

## 见什么人，说什么话

由于每个人都有自己与众不同的性格，即使是同一需要、同一动机，在不同的消费者那里，表现方式也有所不同。所以，为了能够真正把话说到顾客的心坎上，生意人不仅要了解顾客的需要、动机，还要对不同的顾客有一个基本的认识，这样才能有的放矢，百步穿杨。

纵观顾客众生相，大致可分为八种性格不同的顾客：①沉默型②冷淡型③慎重型④自高自大型⑤博学多识型⑥见异思迁型⑦争辩型⑧激动型。

不仅如此，还要对顾客进行软硬兼施。光了解顾客性格是不够的，生意人还要洞悉顾客购买动机，然后进行满足其购买动机需要的活动，使顾客从购买欲望转向购买行为。概括地说顾客的购买动机包括情感动机、理智动机、惠顾动机等。

了解了顾客的心理和性格，无论是推销员还是售货员就可以比较准确判断和识别不同类型的潜在客户，以不断改变自己的方法，取得最好效果。

一般来讲，商家对顾客的态度可分为"硬"态度和"软"态度。对于那些心肠软的、主意不坚定的客户，最好采用民主和友好的"软"态度；而对于那种刻板的、对什么都无动于衷的人来说则应该采用"货真价实"，"性能可靠"的"硬"态度来解决。

　　比如说您是经营复写纸的商人，那么当您到信用社去推销您的商品，您就得用"硬"态度的方法进行推销。这是因为在信用社工作的人员，整天与复写纸打交道，质量好的，他们见过；质量次的，他们也接触过。你不必过多地宣传商品的性能，重要的是用事实使他们相信，这种产品确实是一流的，不买下来是非常可惜的。

　　每个客户的购买动机都是源自于他的价值标准，这种价值标准一般是由以下几个因素决定的：①理论标准（对知识感兴趣）②经济标准（对物质用品感兴趣）③美学标准（对造型、包装感兴趣）④社会标准（对惩恶扬善的公共道德感兴趣）⑤政治标准（对管理事务感兴趣）⑥宗教标准（对体现出宗教教义的事物感兴趣）。

　　一个精明的生意人，面对着每一位顾客，都必须以这六个标准来衡量对方，因为人们每天都在试图满足自己的标准，只有确定了客户的价值标准，你的经营才可能成功。

　　一个厨具商访问了某公司餐厅的经理。

　　他问："请问您是否喜欢您目前的职业？"经理回答道："我不准备在此待一辈子，我想成为整个公司的经理。"这句话反映出他的政治标准。于是这位商人就开始这样介绍自己的产品："您要是在您的餐厅里安装了金光闪闪的厨具，您的顶头上司一定会意识到您善于经营，是个出类拔萃的人。然后您再把整个餐厅装潢得整洁高雅，那您所经营的餐厅一定会宾客如云，生意兴旺。您一定会被上司赏识，您的前途将是无量的。"那位经理二话不说，马上买了他的整套炊具。

　　如果有些顾客想要解决某个问题，在这种情况下，您必须采取理论标准的方法，因为这时价格通常不起作用，而解决问题是至关重要的。

您就可以因此出击，想方设法以您的产品来满足顾客的要求。

如果有些客户是带有美学标准来购买的，比如要购买装饰用的雕刻、盆景、字画、风光景物图，那么您就应该投其所好，用美学观点与其交谈，尽量使顾客对您的谈话产生共鸣。

总之，每一位成功的生意经营人都要按照正确方法和恰当的标准，因人而异、软硬兼施地向客户介绍您的商品，您就易于获得自己所求的东西——订货单。

愿您在生意场上谈吐非凡，妙语惊人。

## 巧用幽默

许多人都已意识到幽默的重要性。特别是在表达个人想法的问题上，适度的幽默一下有助于推销自己。

一般来说，每个人在表达个人看法的时候，无论是面对一个人还是面对一大群人，都希望通过幽默的方式将自己的观点更确切有效地表达出来，希望通过幽默的表达赢得对方的认可和支持。但是，许多人在这方面还缺少应有的自信心，有的人认为自己不善于说笑话、讲趣味故事，不会把幽默与自己的观点糅合在一起。要解决这一障碍，关键在于多学多练，大胆尝试。在开始时，不必要求过高，企求造成强烈的说服力与感染力。同时还要纠正以下误解，认为幽默只有通过笑话才能表达。有的甚至认为笑话只有一种形式：仅是一段有趣的小故事，有人物、地点、时间，有令人发笑的情节，最后是个有力的，令人深思的结尾。不能否认，这样完整的笑话确是幽默的一种，但是不要忘记还有许多更为简洁的幽默，例如俏皮话、双关语、警句等等。它们可能属于笑话，也可能不属于笑话，但都是幽默的形式之一。

一般人做幽默状，并不都是讲各种笑话。那种靠讲笑话引人发笑的效果也不一定太好。笑话往往能帮助我们开心，但并不一定给人真诚和智慧，要知道，每种幽默形式都有它的缺点和不足。当我们了解到人们的缺点和局限性，在运用时，会有很大的益处。

著名作家布莱特的仆人就很清楚这个道理。有一次，布莱特因故迫不得已辞退那个仆人，并给他写了推荐信，他说："我在信中说你是个诚实的人，并且忠于职守，但是我不能写你是个清醒冷静的人。"那个仆人说："您不能写上我经常是清醒的吗？"

再如，拳击手在比赛中重重地挨了几拳，头昏眼花、站立不稳，心中却有几分得意："看我这个样子把他吓坏了，他怕打死我。"

有位演说家在讲到喝酒的害处时，不禁喊道："我看应当把酒统统扔到海底深处去！"听众之中有个人说："我赞成。"演说家更加激动："先生，应恭喜你，我觉得你是一位富于牺牲精神的男士。请问你从事什么工作？""我是深海潜水员！"

以上的例子告诉我们，只要运用适当的幽默方式不仅可以为人与人的沟通创造条件，而且有助于推销自己。

比如，在同事工作出现了失误时，千万不要用刻薄的语言去挖苦，那样你会失掉他的信任和支持。这时，不妨借助于幽默，如能和对方一道笑起来，效果就会更好些，如，一位"头头"对下属说："我急需 4 份报表，请立即复印，快一点！"下属立即动手，按动了快速复印的按钮，印了 14 份报表。"头头"说："真笨！我用不着这么多！"下属只好笑着说："真对不起！可是您已经急到这种程度了。"两人都笑了起来。

这个幽默顿时缓解了紧张的空气，使这位上级接受了下级巧妙的批评并且与下级建立了亲密的共事关系。

在日常的市场交易中，当公司与客户之间发生某种问题时，幽默也能起到作用。比如，"三角债"问题。客户欠账越来越多，偏偏这客户又是老主顾。只好由经理出面来解决。经理在约对方吃饭时说："感谢你同我们做了许多生意，只是你的账已延期了近一年。是不是留着钱给我们公司'下崽'？"这样用半开玩笑的方式委婉地表达了经理"讨债"的话题，有助于问题得到解决。张大嘴就行了，而要掌握一定的技巧。你只要仔细想一想，你口中的"他"，对你而言，固然是非常熟悉，而且是津津乐道的人，但是对听者而言，可就没有那么大的兴趣了，因此讲话时，应考虑环境及对象。

有的听众，在听了你的倾诉之后，或许会问你："哦！？人家口中的美男子，是不是就像这样？""看你这种喋喋不休的样子，似乎你的心上人真的很好啊！"这是最好的结果。大部分的人都不会很用心来听这些话，因为欣赏讲话的这位小姐的表情比听她的话有趣多了。

因此，跟朋友讲"悄悄话"时，不要得意忘形，这点一定要注意。否则碰到喜欢说人是非的人，或许就会批评你说："你们看看她那一副样子，也难怪了，好不容易才找到一个男朋友。"

但与听者不同，要吐露秘密的你总是一副快人快语的样子。是呀！沐浴在爱河中的少女，总是有很多藏不住的心底话，尤其是关于"他"的事，你应该如何对人倾吐，使对方与你同享这份甜蜜，而不觉得烦躁呢？

"我的男朋友是个不折不扣的美男子，对了，很像某电影明星。无论从哪一方面来说都很棒。他以前是某大学的高才生呢！毕业后就在一家贸易公司担任总经理，很不错吧！还有呀！他所穿的西装都是最时髦的，而且非常潇洒，比任何男人都帅，领带则是意大利制的……"

如果你听到这种话会有什么感想？一般女性最容易犯这个毛病，而且，讲完之后，还意犹未尽地说："真的！绝对不骗人，不信的话……"这实在是最愚拙的做法。

那么，要如何说才好呢？有两个最好的方法。一个是，不要一直夸耀自己的事，而要边拍对方的马屁边饶舌呀！例如，想要夸耀自己的毛皮大衣时。

"这是狐皮大衣，很温暖的喔！你看好吗？可是，你身上穿的鹿皮似的织料大衣也不错啊！尤其是那深绿色，绿得漂亮极了！不管何时，你穿着我都很欣赏。"就这样说就可以了。

另一方法，也许要让某人脸上增光吧！毕竟有的事并不是独力可完成，而必须依赖他人的力量才能成事。例如，自己有舞蹈教师的资格，想要稍作自夸时。"因为妈妈也是教师，所以自幼就被迫学习……说来也是妈妈造成的！"就不要忘记再添这么一句。

实际来想一想，单凭自己的力量，并不见得能做多少事，而且个人才干有限，总有力所未及之处，不是吗？所以，如果要对别人说自夸的话时，就要好好地想个透彻，一定要自己有可夸耀的实事，这样一来，就不会讲令人讨厌而仅是自夸而已的话了。

## 有口才说话才有权威感

同是讲话，有的人讲话分量重，有的人讲话分量轻，之所以有这种差异，除了讲话者本人的身份以外，讲话的方式也十分重要。如果你是这方面的权威，你完全可以通过自己的说话方式告诉他你的身份。

（1）要"言简意赅"、"长话短说"。某君写了很多很多封应征信，填了很多很多张申请表，一一寄出，均如石沉大海。不料得到了一张回邮的明信片，仅有"某时面谈"简简单单几个字，他一定终身忘不了这张短短的回邮。

（2）要最后出场讲话。说话时愈将重点放在后面，愈能显出所说的话的重要性了。"重点置之于后"的心理因素，中国人最具有代表性。开会时，官阶愈高的人愈后到；舞台上角儿露脸，最后出场的角儿，便定是最最重要、最最顶尖儿的了。

（3）要使用口头禅。口头禅是人们常挂在嘴边的口头语，总是以这句话来介绍自己，来强调自己，使别人听来亲切自然，也为自己树立了一个独特的商标。

（4）你可以采用幽默的讲话风格。幽默的话，易于记忆、又能予人以深刻印象，正是自我标榜的商标，借此必能使你在别人的心目中留有深刻印象。

（5）句子短些。短句子说起来轻松，听起来省力，吸引力也强。最好一句话一个意义，一句话的含义过于复杂，听者费力，交流就多了一层障碍。

（6）要有顺序，选择什么线索来整理说话内容，可看需要而定。要注意通俗易懂，忌讳古词语、中国洋文、专业用语。至少要吐字清晰，语速适当。

（7）你在说话时要坚定而自信，力度要适中，眼睛正视对方，这样才显示你是充满自信和颇有能力的。若讲话时眼睛不敢正视对方，握手软弱无力，会使人觉得你意志薄弱，容易支配。

（8）讲话时站起来，要站直。开口前先等几秒，等大家都望着你时再说。与别人谈话时，身体稍往前倾，会让别人更容易接受你的意见。

（9）作强调时运用手势，但不可指着别人的脸晃动手指。讲话慢而清晰，语言简短，等于告诉对方："我有能力控制一切。"

（10）注意对方的眼睛。研究显示，一个人紧张，目光会游离不定，而且眨眼次数增加。注意对方的小动作，一个人可以做到喜怒哀乐不形于色，但他的小动作会透露他的心情。例如你在谈话时发现对方的腿在轻轻晃动，这表示他对你的话不以为然。

（11）努力扩大知识面。知识面越广，越能令你在各种场合充满自信地加入别人的谈话。

除此之外，你还要注意行动轻捷，笨手笨脚对你的形象损害最大。穿着上要整洁，避免刺眼的色彩和繁复的配饰，保持干净、挺括。并要注意身姿，含胸显得畏缩，昂首挺胸可以创造出你居于老板地位的形象。

## 培养良好的说话能力

一个人是否真有说话的魅力，直接影响到他是否对对方具有吸引力，关系到他是否具有良好的人际关系，同时，还影响到他能否在与别人说话时表现出自信，能否具有自如说话的勇气。所以，我们在训练自己说话的自信心时，要注意增强自己说话的魅力。

组成说话魅力的内容是十分广泛的。每个人说话的内容，说话时选词造句与构篇布局的材料、手段，说话的语气、语调，说话的身姿、手势、表情……都可以折射出他是否具有说话的魅力。

首先，谈谈说话的风度。

所谓风度，是指美好的举止、姿态及表情等。说话的风度是一个人内在气质的言语表现，是一个人的涵养的外化。使自己的说话具有风度，是增强自己说话魅力的重要途径。良好的说话风度，往往具有很大的吸引力。无论是男士说话中那刚毅稳健的气质，还是女子说话中那风姿绰约的魅力；不论是外交官那彬彬有礼的谈吐，还是政治家那稳重雄健的言论，都会令人仰慕不已，倾心无比。正如德国戏剧家莱辛所说"风度是美的特殊再现形式"。

孔子说："文质彬彬，然后君子。"风度正是外在语言和内在气质的恰当配合。首先，风度是一种品格和教养的体现。如果一个人没有高尚的道德情操，没有一定的文化修养，没有优雅的个性情趣，其说话必然是粗俗鄙陋，琐秒不雅。其次，风度是一种性格特征的表现。比如性格温柔宽容、沉静多思的人，往往寥寥无句的轻声细语就能包含浓烈的感情成分；而粗犷豪放、性情耿直者，则说话开门见山，直来直去。再次，风度是涵养的一种表现。这主要表现在处理人际关系时，不卑不亢，雍容大度。最后，风度是一个人说话的选词造句、语气腔调、手势表情等等的综合表现。如法官在法庭说话时，则正襟危坐，不苟言笑，咬文嚼字，逻辑缜密。

说话的风度是多种多样、丰富多彩的。洋洋洒洒、侃侃而谈是风度，只言片语、适时而发也是风度；谈笑风生、神采飞扬是风度，温文尔雅、含而不露也是风度；解疑答难、沉吟再三是风度，话题飞转、应对如流也是风度；轻声慢语、彬彬有礼是风度，慷慨陈词、英风豪气也是风度。

每个人在培养自己的说话风度时，应根据自己的性格特征、情趣爱好、思维能力、知识结构等，有所选择。另外，同样一个人，在不同的场合、不同的环境下，其说话的风度也是有所不同的。比如教师在课堂上讲课与在家里跟家人闲聊时，则表现为两种相差甚远的风度。

说话的风度是人的一种自然特色，是与时代相吻合的。我们反对脱离时代追求风度；我们也反对脱离自己的个性、身份去讲究风度。任何东施效颦、搔首弄姿、没有个性的说话都毫无风度可言。

在日常的说话、判断或讲座中，我们可能会遇到这种情况：同样的话，这个人说，我们就很愿意接受，而换成另一个人说，我们就不但不愿接受，而且还会产生一些反感情绪。为何会出现这两种截然相反的结果呢？这实际上牵涉到一个人说话的态度问题，而说话态度又是说话人风度的最直接体现。

我们说话的目的，是为了把自己的意思告诉他人，让他人明白、了解、信服或同情我们。如果说了话，别人没什么反应。不信服或产生反感，这就没有意义了，说了还不如不说。那么，怎样才能锻炼出一种说一句是一句的理想口才呢？这就要求说话者既要了解自己又要了解对方，力争培养出一种相互了解与同情的气氛。

也许，人人都懂得，对方无论讲什么都无关紧要，最重要的是他的态度。如果态度好，大家都愿意跟他谈，即使他不同意我们的意见，不满意我们的行为，我们也仍然愿意跟他谈。如果态度不好，就是再好的话题也无法顺利进行下去。

那么，究竟什么才是良好的态度呢？就是对人要有正确的了解和充分的同情。此两点是良好态度的基本内容。然而，如何把我们对人的了解与同情让对方感觉到呢？态度良好的重要表现正体现于此。如果我们不注意这种表现，那么；即使我们是很有同情心的人，若不能让人感觉到这一点。那也可能会被他人认为冷漠、骄傲、自私。这正如我们很喜欢和关心自己的朋友，而朋友却全然不知，结果会受到朋友的误解和埋怨一样。这是一种很普遍的社会现象，而且很使人痛心。因此。我们要注意一下在别人的心目中我们究竟是什么样子，而且要设法了解在别人的心目中希望我们是什么样子，喜欢我们是什么样子。

　　那么，在一般的情形下，即在日常生活中，在与一般普通朋友的正常交际场合中，别人希望我们有什么具体的表现呢？

　　首先，别人希望我们对他的态度是友好的，希望我们愿意和他做朋友；别人希望我们能体谅他的困难，原谅他的过失；别人还希望我们能关心他们，帮助他们，思考他们的问题，并对他们提供有用的建议，与他们成为友好的、忠实的、热心的朋友。

　　其次，别人希望我们对他本人，对他所做和讲的事情均感兴趣。每个人都有此希望，包括我们对别人也是如此。因而，我们最好能做一个对什么都感兴趣的人。本来，我们的兴趣也跟一般人一样，常常容易被有兴趣的人物、有兴趣的谈话所吸引，而却忽略不太吸引人的人物。如果我们是同情心很强的人，就不该如此，而应该学会使我们能顾及全体，并且特别照顾那些不被人注意的人；当我们谈话时，我们要把在场的每一个人都看到。我们的双眼，要随时在每一个人的脸上停留片刻，对于那些没有讲什么话的人，和那些看似不太自在的人，特别要注意，要设法找些话题跟他们交谈，以便解除他的紧张和不安的心理因素。

　　总而言之，别人希望我们对他讲的东西都感兴趣，并希望我们的态度是友善的、良好的。作为一个成功的说话者，我们要力争做到如此。说话时给人良好的态度，是展现你说话魅力的保证。

## 扩大言谈的知识面

知识是人们在社会实践中所获得的认识和经验的总和，是说话者能够很好地以言辞实现人际沟通交流的源泉。有的人之所以很有说话水平，究其根本原因，就在于丰厚的知识积累。胸有成竹，欲发则出；积之愈深，言之愈佳。对交谈者来说，知识是多方面的。对不同的人，有不同的知识要求；不同的人，对知识的把握程度也不尽相同。但作为交谈者，应当掌握最基本的人际交往知识。

### （1）掌握交际应酬的起码知识

每一个人都是社会生活中的一分子，对社会生活中的各种关系必然有牵连。要想使自己的言语达到彼此交流沟通的目的，就必须掌握交际应酬的起码知识，这样，才能说出与当时的情境适宜的言辞。如果不懂得这些知识，在交际过程中，就会因某一细微疏忽讲错话而造成不良后果，导致交际失败。

在日常生活中，诸如称呼、访友、求职、待客、赴宴、送礼、赠物、寒暄、探病、致歉、打招呼、打电话、问候、介绍别人、自我介绍、拒绝、祝贺、吊丧等等，所有这些，都各有自己的一套成文或不成文的规矩。这些规矩，一般都是自然形成或约定俗成，无需去特别地学习、钻研；只要不脱离社会生活，耳濡目染，即可把握。若想提高说话水平，就必须积极投入社会生活中去，根据不同的需要，选择恰当的适应社会生活需要的处世言辞。只要掌握文明、礼貌、得体、合适的原则即可。

比如，你去别人家里做客、拜访，最好应电话预约。不通电话的，或其他原因而径直上门的，人家有门铃，应按门铃；无门铃，应轻叩其门。按后或叩后要稍待一下，若无动静，再按或再叩第二次。一般说来，按、叩第二次后仍无动静，就不宜再按、叩下去。这种情况说明一是主人不在家，二是此时主人不愿让人打搅。若主人开门后，应先向主人问好。待主人请你入室时，要留心是否要换拖鞋，最好主动提出："我换双拖鞋吧。"如果来开门的是你不认识的人，则应问："请问，这是不是某某先生的家？"得到肯定后，还得问："他在家吗？我是某某人，有点事儿拜访他一下。"如果找错了门，应当向开门者表示歉意。如果需向其打听你所要找的那家之所在，无论其是否知道、指点，都应表示谢意。

### （2）掌握社会生活中方方面面的常识

世事就是世上的事。世事知识指的是：这种知识是一种客观存在，一般无需潜心去学；只要不脱离社会生活，在实践中都会逐步体会、感悟得到。

人们要想丰富自己的语言修养，实现与人沟通交流的目的，必须具备社会生活中方方面面的常识、经验、教训、风土、人情、习俗、掌故等等，一个人即使有渊博的专业知识，如果不谙世事，也会被看成"书呆子"，说话、办事的时候容易闹笑话、受挫折，成为被别人轻视和嘲讽的对象。

世事知识是在社会实践中获得的，但有时对某些世事知识，人们却没有实践的机会或可能。比如你从甲地到乙地，对甲地的世事知识，你可能具备，而对乙地的，你可能就不具备了。但你却不能没有言辞的表达。怎么办呢？这就得学、得问。孔子有言："敏而好学，不耻下问。"我国历来也有"入乡随俗"之说，到哪个地方，就要了解哪个地方的世事。这样才能产生良好的交际效果。照搬甲地的世事或不顾乙地的世事，都会自讨苦吃。

（3）广博的文化知识专业知识

天文、地理、历史、文学、艺术、哲学、经济、法律等等方面的知识能陶冶情操，提高修养、开拓视野，从而使表达者的言辞更具感染力、说服力、吸引力。这种知识的获得，要靠孜孜不倦的学习。只有不断地学习吸取，言辞的表达才会有不断的生命力。在人际交往中，某方面的文化知识不足，就不要轻易涉及这方面的话题，倘若擅自发言，闹笑话，会影响交际效果。

社会上有各种各样的行业，每一个行业都有专门的知识。一个人处在哪个行业，从事什么工作，应当具备本行业、本专业的知识。

专业知识的获得，一是靠学习，二是靠实践。社会在发展，知识在更新，即使原来专业知识积累很厚的，在新的形势下，也会产生许多的盲点，如果不认真学习，既不利于自己的工作，更不利于本行业言语的交际。

## 语言表达能力体现的三个方面

语言表达能力是新领导干部的一项重要能力，也是一种基本功。语言表达能力反映人的思维能力、社交能力以及性格、风度。新领导干部在工作中主持会议、制定政策、文件，上传下达工作指令，接待来访，参加社交活动，发表演讲和个别交谈……都需要语言表达能力。

新领导干部的语言表达能力主要体现在语言的分量、语言的逻辑性和语言的幽默感三个方面。语言的分量由词意和态度两因素构成。词意是指语言的本意，态度是指表达时的轻重缓急和所持的表情、情绪。语言的词意要求语言能准确地表达思想，不要词不达意，废话连篇。新领导干部需要注意语言分量，贬义的语言分量过重，容易令人伤心，背上思想包袱；如果过轻，则达不到启发人、震动人、教育人的目的。反过来，褒义的语言过重，容易使人骄傲自满；过轻则对人起不到鼓舞作用，也许会令人感到失望。

新领导干部语言的逻辑性，就是要使语言严谨、有条有理、无懈可击、令人信服，要做到前后呼应，因果联系紧密，这样就能紧扣听众的心弦；否则，就会显得啰唆、冗长，言之无物，东扯西拉，令人乏味。

语言的幽默感，能使新领导干部更好地团结群众，营造轻松、愉快的气氛，促成群众与新领导干部的思想感情的交流，使群众更容易接受自己的观点、主张和思想意图，同时也有助于改善新领导干部自己的形象。

语言表达能力分为口头语言表达能力和书面语言表达能力。

口头表达能力，也就是口才，就是将自己的思想、观点、意见、建议运用最生动、最有效的表达方式传递给听众，对听者产生最理想的影响效果的一种能力。新领导干部的口头表达能力主要包括：在各种会议上的演讲能力；对不同对象的说服能力以及面对复杂情况应付各种"对手"的答辩能力。

在新闻传播日益先进的现代信息社会，各级新领导干部都有可能随时遇到记者的采访；都要在必要的会议和必要的场合发表演说；在各种社会活动中，随时有可能主动或被动地答辩一些问题，在这里新领导干部的口才就表现出其重要性。

文字表达能力，就是将自己的实践经验和决策思想，运用文字表达方式，使其系统化、科学化、条理化的一种能力。文字表达能力是新领导干部必须具备的一种能力素质。古今中外，杰出的领导人才都具有优秀的文字表达能力。